有色金属工业建设工程质量监督工作指南

有色金属工业建设工程质量监督总站　编

北　京
冶　金　工　业　出　版　社
2015

内 容 提 要

本书是编者结合多年行业监督工作实践经验编写而成，内容涵盖了建筑工程十个分部，安装工程六个分部，以及部分矿山工程的监督要点，并在附录中精选了多个典型案例。内容主要包括：开工准备阶段的监督，质量行为的监督，施工阶段工程质量监督要点，竣工验收阶段监督，单位工程质量等级核定，工程质量监督报告，建设工程质量监督档案等。

本书可供有色金属工业建设质量监督管理工作人员学习参考。

图书在版编目(CIP)数据

有色金属工业建设工程质量监督工作指南/有色金属工业建设工程质量监督总站编. —北京：冶金工业出版社，2015. 7

ISBN 978-7-5024-7001-2

Ⅰ. ①有…　Ⅱ. ①有…　Ⅲ. ①有色金属冶金—冶金工业—工程质量监督—中国—指南　Ⅳ. ①F426. 32-62

中国版本图书馆 CIP 数据核字(2015)第 133723 号

出 版 人　谭学余
地　　址　北京市东城区嵩祝院北巷 39 号　邮编　100009　电话　(010)64027926
网　　址　www. cnmip. com. cn　电子信箱　yjcbs@ cnmip. com. cn
责任编辑　戈　兰　廖　丹　美术编辑　彭子赫　版式设计　孙跃红
责任校对　禹　蕊　责任印制　李玉山
ISBN 978-7-5024-7001-2
冶金工业出版社出版发行；各地新华书店经销；北京百善印刷厂印刷
2015 年 7 月第 1 版，2015 年 7 月第 1 次印刷
148mm × 210mm；4. 125 印张；119 千字；120 页
45. 00 元

冶金工业出版社　投稿电话　(010)64027932　投稿信箱　tougao@cnmip. com. cn
冶金工业出版社营销中心　电话　(010)64044283　传真　(010)64027893
冶金书店　地址　北京市东四西大街 46 号(100010)　电话　(010)65289081(兼传真)
冶金工业出版社天猫旗舰店　yjgycbs. tmall. com

《有色金属工业建设工程质量监督工作指南》
编写及审定委员会

主　　编　贾明星

副 主 编　蔡胜利　王化林

编审组成员　李清富　黄升勋　邹利广　吴煦平
迟　湧　徐红兵　廖　玠　徐继刘
杜远云　华新生　吕　轩

前　言

我国的建设工程质量监督制度是改革开放初期建立起来的，随着社会主义市场经济的不断发展而趋于完善，并一直秉承公正性、科学性、法制性原则。有色金属工业建设工程质量监督与全国各行业一样，经过近三十年的探索、实践、总结、提高，在工程建设实施过程中较好地体现了国家意志，有力地保障了国家和人民生命财产的安全。

在有色金属工业建设工程质量监督体系建立初期，各监督站都根据各自的实际情况制定了《工程质量监督实施细则》。在工作实践中，有色金属工业建设工程质量监督总站一直努力促进行业工程质量监督工作模式的统一，如曾经推行过要求所有施工现场采用统一工程质量检查方法的“金川模式”，实行过用统一模式进行施工现场业绩考评的“平果模式”，也曾经通过推广经验，加强交流，相互观摩，总结出不少好的做法。由于行业管理体制和发展情况的不断变化，从整体上看有色行业工程质量监督工作距工程建设的标准化、程序化管理还有一定差距。

当前，我国改革开放进入深水区，社会经济处于高速发展的转型期，党中央、国务院高度重视质量工作。党的十八大报告明确要求“立足以质取胜”、“确保产品质量和安全”。习近平总书记提出要“推动中国制造向中国创造转变、中国速度向中国质量转变、中国产品向中国品牌转变”。李克强总理提出要“紧紧抓住提高质量这个关键，推动中国经济迈向中高端水平”。国务院提出了明确的《质量发展纲要》，把质量工作提升到了国家发展战略的层面。

为了适应新形势，进一步规范行业工程质量监督工作行为，统一各阶段质量监督工作的内容、程序、标准，提高有色金属工业建设的整体质量水平，有色金属工业建设工程质量监督总站以新修订的《中国有色金属工业建设工程质量监督管理规定》为纲要，组织有关人员编写了《有色金属工业建设工程质量监督工作指南》（以下简称《指南》）。该《指南》凝结了有色金属工业各工程质量监督站多年实践、创新的经验，主要针对有色建筑、安装及部分矿山工程，涉及工程实施各个阶段的工程实体及质量行为的监督要点，有较强的实用性和可操作性。

为更好地满足广大一线建设工作者的实际需求，本《指南》附有工程质量监督工作中的部分典型案例、安全文明施工抽查等方面内容。

《指南》中的不妥与谬误难免，还望得到广大读者的金言相馈。

编　者
2015年6月

目　录

1 概　述

1.1 为方便广大有色行业的建设工程质量监督工作者更好地开展监督工作，根据《中国有色金属工业建设工程质量监督管理规定》，特编写本工作指南。

1.2 工程质量监督是建设行政主管部门或其委托的工程质量监督机构（统称监督机构）根据国家的法律、法规和工程建设强制性标准，对责任主体和有关机构履行质量责任的行为以及工程实体质量进行监督检查、维护公众利益的行政执法行为。

有色金属工业建设工程质量监督总站是国务院国有资产监督管理委员会举办、中央机构编制委员会办公室批准设立、由中国有色金属工业协会管理的独立事业法人单位。按照国务院《建设工程质量管理条例》规定的专业职责分工和中央编办批复的工作职责，负责对有色金属工业建设工程质量进行监督管理。

1.3 有色金属工业建设工程质量监督应严格执行国家有关法律、法规和工程技术标准及《中国有色金属工业建设工程质量监督管理规定》，具体工作可以参考本指南。

1.4 建设工程质量责任主体，是指参与工程建设项目的建设单位、勘察单位、设计单位、施工单位和监理单位。本指南所称的有关机构，是指工程质量检测机构。

1.5 质量行为，是指在工程项目建设过程中，责任主体和有关机构履行国家有关法律、法规规定的质量责任和义务所进行的活动。

1.6 监督注册，是指建设单位在工程开工前，按规定向有色监督机构办理的工程项目监督登记手续。

1.7 质量监督工作方案，是指有色监督机构针对工程项目的特点，根据有关法律、法规和工程建设强制性标准编制的，对该工程实施质量监督活动的指导性文件。监督工作方案应明确监督重点和基本监督方式。

1.8 监督检查，是指监督机构根据有关工程技术标准及规定，对责任主体和有关机构履行质量责任的行为以及对有关工程质量的文件、资料和工程实体质量等随机进行的抽样检查活动。

1.9 见证取样检测，是指在建设单位或监理单位人员的见证下，由施工单位有关人员对工程中涉及结构安全的试块、试件和材料在现场取样，并送至具备相应资质的检测机构所进行的检测。

1.10 监督检测，是指监督机构在施工现场使用便携式仪器、设备随机对工程实体及建筑材料、构配件和设备进行的抽样测试。

1.11 单位工程竣工验收监督，是指监督机构通过对建设单位组织的单位工程竣工验收程序进行监督，对经过勘察、设计、监理、施工各方责任主体签字认可的质量文件进行查验，以监督责任主体和有关机构履行质量责任、执行工程建设强制性标准情况的活动。

1.12 单位工程竣工报告，是指施工单位在单位工程完工后、按照国家相关验收标准和《有色金属工业建筑工程质量检验评定统一标准》、《有色金属工业安装工程质量检验评定统一标准》的要求，向建设单位或监理单位提交的、以证明工程项目具备竣工验收条件的文件。

1.13 单位工程质量评估报告，是指监理单位提交给建设单位的、以证明单位工程已完成施工合同的全部内容，工程质量符合工程技术标准规定，具备竣工验收条件的文件。

1.14 单位工程质量检查报告，是指勘察、设计单位提交的，以证明工程满足勘察、设计文件的要求，设计变更内容已在单位工程上得以实现的文件。

1.15 单位工程竣工验收报告，是指建设单位组织的单位工程竣工验收所形成的，以证明单位工程符合竣工验收条件，可以投入使用的文件。

1.16 工程质量监督报告，是指监督机构在监督检查过程中形成的、评估各方责任主体和有关机构履行质量责任、执行工程建设强制性标准的情况以及单位工程质量等级核定情况的综合性文件。

2　开工准备阶段的监督

开工准备阶段的工程质量监督主要内容包括：监督注册、监督准备、监督交底。

2.1　监督注册和资料备案

2.1.1　工作要求

办理建设单位监督注册登记及监理、施工单位资料备案。

2.1.2　工作要点

2.1.2.1　受理建设单位工程质量监督注册；

2.1.2.2　核查建设单位提供的相关资料；

2.1.2.3　受理监理、施工单位等资料备案；

2.1.2.4　下达《有色金属工业建设工程质量监督工作方案》。

2.1.3　工作要点说明

2.1.3.1　受理建设单位工程质量监督注册（注册申报可参照附录中附表2）

凡在中国境内从事有色金属工业建设工程的新建、改建、扩建等有关活动，建设单位应在工程开工前，到质量监督机构办理工程质量监督注册登记（注册依据见附录中附注1）。

2.1.3.2　核查建设单位提供的相关资料

建设单位申报监督注册时，应提供以下主要资料：

（1）项目开工报告、可行性研究批复或初步设计批复等；

（2）监理单位中标通知书、施工单位中标通知书；

（3）建设单位的项目管理质量保证体系等；

（4）五方责任主体（建设、勘察、设计、施工、监理单位）项目负责人签署的工程质量终身责任承诺书及法定代表人授权书；

（5）需要提交的其他文件资料。

对于提交的文件资料不齐全或者不符合要求的，要求建设单位限期补正。

2.1.3.3 受理监理、施工单位资料备案

监理、施工单位办理资料备案时，应提供以下主要资料：

（1）监理、施工单位与建设单位依法签订的合同副本或复印件。

（2）监理、施工单位成立项目监理部和项目经理部的文件，总监理工程师和项目经理的任命文件、授权书和工程质量终身责任承诺书。建设单位已提交的除外。

（3）监理、施工单位的各类资质证书影印件，总监及监理人员、施工项目部经理、技术负责人、质量检查员、安全员、资料员等人员的资格或注册执业证书、上岗证书影印件等。

（4）项目质量保证组织机构和责任制度，以及保证工程质量的技术措施。

（5）监理规划，施工组织设计等。

（6）见证取样和送检人员备案单及上岗资格证书影印件。

（7）上述影印件应注明原件已审，并加盖单位公章。

2.1.3.4 下达《建设工程质量监督工作方案》

监督站对建设工程质量监督注册资料及施工、监理单位的资料备案5个工作日内审核完毕。审核通过后，应于10个工作日内向相关单位下达建设工程质量监督工作方案。

2.2 监督准备

2.2.1 工作要求

监督机构应做好工程质量监督准备工作。

2.2.2 工作要点

2.2.2.1 确定监督人员；

2.2.2.2 研读相关技术文件；

2.2.2.3 编制工程质量监督工作方案。

2.2.3 工作要点说明

2.2.3.1 确定监督人员

监督机构应根据受监工程的规模和特点及监督人员专业特长，确定工程项目质量监督人员。

2.2.3.2 研读相关技术文件

接受监督任务后，应认真研读相关技术文件，确定监督工作重点。

2.2.3.3 编制工程质量监督工作方案

监督人员应根据工程项目的特点和规模、责任主体和有关机构的质量信誉和质量保证能力，编制工程质量监督工作方案，并应在以后的监督工作过程中，根据监督检查情况及时对监督工作方案作出调整。工程质量监督工作方案一般包括以下内容：

（1）方案编制的依据：国家和地方的法律、法规、现行工程建设质量标准、规范、规程、规定及施工图设计文件。

（2）工程概况：包括工程投资、设计产能、建筑面积、结构形式、主要工艺及设备配置等。

（3）监督组织：该项目的工程质量监督人员名单及联系电话等。

（4）监督工作方式：以定点和随机抽查相结合的方式进行监督检查。

（5）监督内容：

1）对各方责任主体和有关机构的质量行为进行监督抽查。

2）对有关工程质量的技术文件进行监督抽查。

3）对工程实体质量进行抽查和抽测。

4）对地基和基础、主体结构、重要安装分部工程及竣工验收进行监督。

（6）监督机构根据具体情况可以拟定消除常见质量问题的措施。

（7）监督计划。工程质量监督工作方案是对建设项目而言的，工业建设项目相对一般民用建筑工程要复杂得多，往往一个工业建设项目包含若干个子项工程，而子项工程又包含若干个单位工程，其中有建筑单位工程和工业安装单位工程。根据项目实际情况，对于专业性较强的子项，监督机构可以在编制工程质量监督工作方案之后结合承包合同编制比监督工作方案相对细化的监督计划，并在施工、监理单位资料备案后下发相关单位（参见附录中的附表3、案例1、案例2）。

2.3 监督交底

2.3.1 工作要求和监督要点

组织监督交底。

2.3.2 监督要点说明

2.3.2.1 组织监督交底会议

监督机构应在建设单位办理质量监督注册登记后，及时通知建设单位项目负责人组织监督交底会议。监督交底会议由建设单位项目负责人组织，监督机构负责人主持，参建各责任主体及有关机构项目负责人参加。

2.3.2.2 监督交底会议主要内容

（1）宣读《质量监督工作方案》，并着重介绍项目实体监督的内容、控制点。

（2）介绍质量监督程序及工程质量监督相关要求。

（3）介绍监督机构的工作特点、监督成员分工、监督工作接受社会监督的联系电话。

（4）收集项目有关各方的联系电话。

3 质量行为监督

3.1 监督机构对责任主体和有关机构质量行为进行监督的规定

监督机构对责任主体和有关机构质量行为进行监督应遵守以下一般规定。

3.1.1 抽查责任主体和有关机构执行有关法律、法规及工程建设标准强制性条文的情况。

3.1.2 抽查责任主体和有关机构质量管理体系的建立和运行情况。

3.2 对建设单位质量行为的监督

3.2.1 工作要求

建设单位是建设工程的重要责任主体，在整个建设活动中属于主导地位，应规范质量行为，认真履行质量责任。监督机构应对建设单位的质量行为进行抽查。

3.2.2 监督要点

3.2.2.1 开工前办理质量监督注册；

3.2.2.2 委托监理情况；

3.2.2.3 组织图纸会审、设计交底工作情况；

3.2.2.4 采购建筑材料、建筑构配件和设备的质量情况；

3.2.2.5 组织单位工程质量验收和项目竣工验收情况。

3.2.3 监督要点说明

3.2.3.1 建设单位在开工之前，应当按照国家有关规定，到工程质量监督机构办理工程质量监督注册手续，接受工程质量监督机构的监督（参见附录中附注 1 和附注 3）。

3.2.3.2 国家规定应实行监理的工程是否委托了监理。

3.2.3.3 建设单位是否组织了图纸会审和设计交底（参见附录中附注 2 和附注 4）。

3.2.3.4 根据《建设工程质量管理条例》，由建设单位采购建筑材料、建筑构配件和设备的，建设单位应当保证建筑材料、建筑构配件和设备符合设计文件和合同要求。

3.2.3.5 建设单位收到单位工程竣工验收报告后，应及时组织有勘察、设计、施工、监理等单位参加的竣工验收，检查是否已按设计要求和合同约定全部建设完成。项目整体完工后，建设单位应及时向项目批复部门或单位申请验收。

3.3 对勘察、设计单位质量行为的监督

3.3.1 工作要求

工程勘察工作是建设工程的基础工作，工程勘察成果文件是设计和施工的基础资料和重要依据。设计工作是工程建设的首要环节和灵魂，没有优良的设计就没有经得起考验的工程质量。监督机构应对勘察、设计单位的质量行为进行抽查。

3.3.2 监督要点

3.3.2.1 参加地基验槽、基础、主体结构、关键设备及重要工业安装分部工程质量验收和工程竣工验收情况；

3.3.2.2 签发设计修改变更、技术洽商通知情况；

3.3.2.3 参加有关工程质量问题和事故的处理情况。

3.3.3 监督要点说明

3.3.3.1 勘察单位的项目负责人应参加地基基础分部工程及单位工程的质量验收；设计单位的项目负责人应参加地基基础、主体结构、关键设备及重要工业安装分部工程和单位工程的质量验收。

3.3.3.2 设计变更应经相关专业会签。设计变更引起的设计修改由原设计单位完成。

3.3.3.3 《建设工程质量管理条例》规定，工程设计单位有义务参与工程质量问题和事故的分析和处理（参见附录中附注8）。

3.4 对施工单位质量行为的监督

3.4.1 工作要求

施工单位是建设工程质量责任的主要主体，其质量行为对建设工程的施工质量起关键性作用。监督机构应对施工单位的质量行为

进行抽查。

3.4.2 监督要点

3.4.2.1 施工单位资质、项目经理部管理人员的资格、配备及到位情况；主要专业工种操作上岗资格、配备及到位情况；

3.4.2.2 分包单位资质以及总包单位对分包单位的管理情况；

3.4.2.3 施工组织设计或施工方案审批及执行情况；

3.4.2.4 施工现场施工操作技术规程及国家有关规范、标准的配置情况；

3.4.2.5 工程技术标准及施工图设计文件的实施情况；

3.4.2.6 检验批、分项、分部（子分部）、单位（子单位）工程质量的检验评定情况；

3.4.2.7 质量问题的整改和质量事故的处理情况；

3.4.2.8 技术资料的收集、整理情况。

3.4.3 监督要点说明

3.4.3.1 根据《中华人民共和国建筑法》规定，从事建设活动的施工单位应当具备与其所承担工程相对应的资质等级。施工单位的项目经理是一种岗位职务，对工程项目施工质量应负全面责任，项目经理应持证上岗。此外，项目经理部相关人员应配备齐全，持证上岗（参见附录中附注9）。

3.4.3.2 根据有关规定，总承包方不得将承包的工程分包给不具有相应资质的分包单位。总承包单位进行分包，必须经建设单位的认可。实行施工总承包的，建筑工程的主体结构（钢结构除外）不得进行分包，分包单位不得再分包（参见附录中附注10）。

3.4.3.3 施工组织设计或施工方案应由施工单位的项目技术负责人编制，公司技术负责人审批，专业监理工程师审查，项目总监理工程师审批。

3.4.3.4 施工现场应配备满足施工需要的施工操作技术规程及国家有关规范、标准。

3.4.3.5 施工单位在施工中必须遵循工程技术标准，并按施工图施工，保证工程施工质量。

3.4.3.6 检验批、分项工程、分部（子分部）工程、单位（子单位）工程的质量检验评定应按《有色金属工业建筑工程质量检验评定统一标准》和《有色金属工业安装工程质量检验评定统一标准》的相关规定实施。

3.4.3.7 施工单位应对施工质量负责，认真处理施工过程中产生的质量问题。对监理单位或质量监督机构下发的《停工通知书》、《质量整改通知书》等及时妥善处理。当出现质量事故时，应按规定逐级上报（参见附注11）。

3.4.3.8 技术资料的收集、整理要求做到同步、完整、真实。

3.5 对监理单位质量行为的监督

3.5.1 工作要求

监理单位受建设单位委托对建设工程进行管理，对施工质量实施监理，并对施工质量承担监理责任。工程监理单位是工程建设的责任主体之一，监督机构应对监理单位的质量行为进行抽查。

3.5.2 监督要点

3.5.2.1 监理单位资质、项目监理机构的人员资格、配备及到位情况；

3.5.2.2 监理规划、监理实施细则的编制、审批、执行情况；

3.5.2.3 对原材料、构配件、设备投入使用或安装前进行审查情况；

3.5.2.4 对分包单位的资质进行核查情况；

3.5.2.5 见证取样制度的实施情况；

3.5.2.6 对重点部位、关键工序实施旁站监理情况；

3.5.2.7 质量问题通知单签发及质量问题整改结果的复查情况；

3.5.2.8 组织检验批、分项、分部（子分部）工程的质量验收、参与单位（子单位）工程质量的验收情况；

3.5.2.9 监理资料收集整理情况；

3.5.2.10 现场日常检查用仪器和规范、标准的配置情况。

3.5.3 监督要点说明

3.5.3.1 监理单位必须在其资质等级许可的范围内，承担监理业务。项目监理机构的总监理工程师和专业监理工程师均是岗位职务，对工程项目施工质量应负监理责任，项目监理部相关人员应配备齐全，持证上岗。

3.5.3.2 监理规划应由项目总监理工程师负责组织编制，监理单位技术负责人审批；监理实施细则应由专业监理工程师编制，项目总监理工程师审批。

3.5.3.3 项目监理机构应对原材料、构配件、设备投入使用或安装前进行审查控制（参见附录中附注12）。

3.5.3.4 项目监理机构有权对分包单位的资质进行核查，确认分包单位；总监理工程师有权建议撤销不合格的工程建设分包单位和项目负责人及有关人员。

3.5.3.5 项目监理机构应审查施工单位编制的见证取样送检计划，按照见证取样送检计划指导取样员现场实施见证取样并填写取样记录单（参见附录中附注13）。

3.5.3.6 项目监理机构应在监理实施细则里明确旁站计划，并付诸实施。

3.5.3.7 对于不符合标准规范和设计要求的质量问题，项目监理机构应及时签发监理通知单，并形成闭合。

3.5.3.8 监理工程师必须对所报的检验批、分项工程进行核查。检验批、分项工程的验收由监理工程师组织；分部工程的验收由总监或总监代表组织；单位工程施工完成后，先由施工单位自检，自检合格后由监理单位进行预验收，均通过后再报建设单位，由建设单位组织正式验收。

3.5.3.9 项目监理机构应按国家有关建设工程文件归档的要求及时收集整理监理资料。监理资料在归档前必须由总监理工程师审核并签字。

3.5.3.10 项目监理机构应配备满足现场需要的日常检查用工器具，并建立台账，确保其在有效的校验周期内。现场应该配备必要的标准、规范等。

3.6 对工程质量检测机构质量行为的监督

3.6.1 工作要求

工程质量检测机构质量行为是否规范对工程质量影响极大，所以监督机构应对工程质量检测机构的质量行为进行抽查（参见附录中附注 14)。

3.6.2 监督要点

3.6.2.1 是否超越核准的类别、业务范围承接任务；

3.6.2.2 检测机构人员持证上岗情况；

3.6.2.3 检测业务基本管理制度的建立及运行情况；

3.6.2.4 检测内容和方法的规范性；

3.6.2.5 检测报告形成程序、数据及结论的符合性。

3.6.3 监督要点说明

3.6.3.1 检测机构分为综合检测、专项检测两类。检测机构应通过国家的计量认证后，报工程建设行政主管部门（有色行业报有色金属工业建设工程质量监督总站）进行资质审查，取得相应类别的资质等级。检测机构应在核准的类别和业务内承揽检测业务。

3.6.3.2 检测机构从业人员应经培训并持证上岗，上岗证书应在有效期内。

3.6.3.3 检测机构应建立健全各项管理制度（参见附录中附注15)。

3.6.3.4 检测是一项专业性很强的工作，检测机构应按照检测委托，在检测前做好试件验收，详细检查取样记录单和试件是否符合规范要求，检测时严格执行国家有关标准和规定。

3.6.3.5 检测机构应规范填写检测报告。检测机构对出具的检测报告负法律责任，检测报告应有检测（试验）、审核、法定代表人或其授权的技术负责人签字，并加盖检测专用章和计量认证（CMA）章，实行见证取样的检测报告还要加盖“见证取样送检”专用章。

4 施工阶段工程质量监督要点

4.1 地基与基础工程监督要点

4.1.1 抽查工程实体质量，突出对强制性标准执行情况的检查。

4.1.2 抽查涉及结构安全和使用功能的主要材料、构配件出厂合格证、试验报告、见证取样送检资料及地基检测报告和地基验槽记录等。

4.1.3 抽查基础砌体、混凝土结构和防水等施工质量（参见附录中案例3、案例4、案例5）。

4.1.4 实体质量检查可以进行适当的监督检测。

4.1.5 分项、分部工程质量评定资料。

4.1.6 隐蔽工程验收记录。

4.1.7 观感质量检查。

4.1.8 地基与基础工程验收监督（参见附录中附注16）。

4.1.9 其他质量控制资料（详见附录中附注16中1.3）。

4.2 主体结构工程监督要点

4.2.1 质量保证及见证取样送检检测资料。

4.2.2 分项、分部工程质量评定资料及隐蔽工程验收记录。

4.2.3 结构安全重点部位的砌体、混凝土、钢筋施工质量抽查情况和检测（参见附录中案例4、案例5）。

4.2.4 混凝土构件、钢结构构件制作和评定资料及隐蔽工程验收记录。

4.2.5 观感质量检查。

4.2.6 主体分部工程验收监督（参见附录中附注17）。

4.2.7 其他质量控制资料（参见附录中附注18中1.1~1.3）。

4.3 装饰装修工程监督要点

4.3.1 材料、半成品、五金配件、构件和组件合格证、性能测试报告、进场复验报告。

4.3.2　隐蔽工程验收记录。

4.3.3　外墙饰面砖墙板件的粘结强度检测报告。

4.3.4　观感质量检查。

4.3.5　分项、分部工程的施工质量验收评定资料和施工记录（质量控制资料参见附录中附注 18 中 1.4）。

4.4　屋面工程监督要点

4.4.1　检查承担防水工程任务的施工单位的资质等级及营业范围。

4.4.2　抽查防水材料的出厂合格证及进场复验报告。

4.4.3　抽查屋面基层及防水层施工质量。

4.4.4　隐蔽工程验收记录。

4.4.5　抽查屋面渗漏情况。

4.4.6　分项、分部工程的施工质量验收评定资料和施工记录（质量控制资料参见附录中附注 18 中 1.5）。

4.5　管道安装工程监督要点（参见附录中案例 6）

4.5.1　原材料、设备、配件质量合格证。

4.5.2　中间交接检验记录。

4.5.3　隐蔽工程验收记录。

4.5.4　阀门、管道压力试验及灌水、通水、通球试验记录。

4.5.5　抽查管道安装作业面实体的管道及配件、设备及辅助设备安装质量。

4.5.6　抽查架空管和地下管网敷设质量。

4.5.7　压力管道及有特殊要求的管道应通过技术监督部门的验收和认证。

4.5.8　观感质量检查。

4.5.9　分项、分部工程的施工质量验收评定资料和施工记录（质量控制资料参见附录中附注 18 中 1.6）。

4.6　电气装置安装工程监督要点（参见附录中案例 7）

4.6.1　原材料、设备、配件质量合格证。

4.6.2 中间交接检验记录。

4.6.3 通电、接地电阻、绝缘电阻测试记录。

4.6.4 电气预埋管敷设质量。

4.6.5 电线、电缆敷设，避雷系统连接、接地、接零，箱盒及电气设备安装质量。

4.6.6 隐蔽工程验收记录。

4.6.7 分项、分部工程的施工质量验收评定资料和施工记录（质量控制资料参见附录中附注18中1.7）。

4.7 通风与空调工程监督要点

4.7.1 进场设备、配件的质量合格证。

4.7.2 中间交接检验记录。

4.7.3 风管、水管安装质量及压力试验记录。

4.7.4 系统调试、测定和试运行。

4.7.5 隐蔽工程验收记录。

4.7.6 观感质量检查。

4.7.7 分项、分部工程的施工质量验收评定资料和施工记录（质量控制资料参见附录中附注18中1.8）。

4.8 智能建筑工程监督要点

4.8.1 系统检测的条件（查试运行和相应技术文件及质量控制记录）；

4.8.2 检测结论与处理（合格则验收，不合格限期整改，再重新检测，直至检测合格）；

4.8.3 竣工验收结论与处理（各系统竣工验收须合格，方为智能建筑工程竣工验收合格，否则须整改至合格）；

4.8.4 检查各系统竣工验收应包括的内容：质量控制情况、系统检测合格、管理制度健全、运行管理人员经培训合格上岗、资料完整、系统检测项目的抽查与复核须符合设计要求、观感质量等；

4.8.5 各系统竣工验收与其他相关要求：通信网络系统、信息网络系统、建筑设备监控系统、火灾自动报警及消防联动系统、安全防范系统、综合布线系统、智能化系统集成、电源与接地、环境、住宅智能化（质量控制资料参见附录中附注18中1.9）。

4.9 建筑节能工程监督要点

4.9.1 屋面保温与隔热 检查材料质量与施工质量；
4.9.2 外墙外保温 检查保温材料、锚固件施工质量、构造层间粘结与连接质量；
4.9.3 建筑幕墙、外门窗及建筑遮阳节能 检查材料质量与施工质量；
4.9.4 采暖节能 与节能有关的隐蔽部位验收的记录和图像资料、与热源进行的联合试运转和调试记录；
4.9.5 通风与空调节能 同采暖节能；
4.9.6 设备及管网节能 同采暖节能；
4.9.7 监测与控制节能 应分为工程实施和系统检测两个阶段检查系统验收对象、系统验收依据、系统安装质量、系统监控功能、能源计量及建筑能源管理等；
4.9.8 系统节能性能检测 检查由具有检测资质的检测机构检测的报告（质量控制资料参见附录中附注18中1.10）。

4.10 电梯安装工程监督要点

4.10.1 曳引机装置及轿厢的组装和安装应符合设计要求和施工规范规定。
4.10.2 导轨安装必须牢靠、位置准确、双面焊牢、焊缝饱满。
4.10.3 安全装置、电源及接地检测报告。
4.10.4 系统调试运行及控制功能达到设计要求。
4.10.5 观感质量检查。
4.10.6 应通过技术监督部门的验收和认证。
4.10.7 分项、分部工程的施工质量验收评定资料和施工记录（质量控制资料参见附录中附注18中1.11）。

4.11 工业设备安装工程监督要点（参见附录中案例8）

4.11.1 材料/构配件/设备质量合格，并履行报验程序。

4.11.2 设备基础合格，预留孔、地脚螺栓、预埋铁件、垫铁应符合要求。

4.11.3 设备基础与安装中间交接检查记录。

4.11.4 设备放线就位和找正调平应符合现行规范和设计文件要求。

4.11.5 辅助系统：润滑、液压、气动、冷却或加热系统安装和调试应符合要求。

4.11.6 除锈刷油、酸洗、脱脂、试压冲、沉降观测等隐蔽工程验收记录。

4.11.7 观感质量检查。

4.11.8 试运行记录，应符合设备技术文件、规范和设计文件要求。

4.11.9 特种设备（锅炉、压力容器、起重设备等）应通过技术监督部门的验收和认证。

4.11.10 分项、分部工程的施工质量验收评定资料和施工记录（质量控制资料参见附录中附注 18 中 1.12）。

4.12 工业炉砌筑工程监督要点

4.12.1 耐火、隔热材料和制品的质量证明书、检测报告及报验。

4.12.2 中间交接检验记录。

4.12.3 炉窑主要部位的测量记录和冬季施工测温记录，钢结构、框架、壳体安装质量应符合设计和规范要求。

4.12.4 炉窑的砌筑质量。

4.12.5 动态炉体（如转炉、回转式阳极炉、底吹炉或侧吹炉、卡尔多炉等）砌筑前试运行。

4.12.6 隐蔽工程验收记录。

4.12.7 观感质量检查。

4.12.8 分项、分部工程的施工质量验收评定资料和施工记录（质量控制资料参见附录中附注 18 中 1.13）。

4.13 自动化仪表安装工程监督要点

4.13.1 原材料、设备、配件质量合格证。

4.13.2 中间交接检验记录。

4.13.3 网络、连锁、信息、保护、报警等系统调试、调校记录。

4.13.4 电线、电缆（包括补偿导线）敷设，防爆接线、仪表接地、表盘箱及仪表设备安装质量。

4.13.5 隐蔽工程验收记录。

4.13.6 观感质量检查。

4.13.7 分项、分部工程的施工质量验收评定资料和施工记录（质量控制资料参见附录中附注 18 中 1.14）。

4.14 工业设备及管道防腐工程监督要点

4.14.1 承担防腐工程任务施工单位的资质等级及营业范围。

4.14.2 进场原材料合格证和检测报告及报验。

4.14.3 防腐基层、表面施工质量。

4.14.4 隐蔽工程验收记录。

4.14.5 观感质量检查。

4.14.6 分项、分部工程的施工质量验收评定资料和施工记录（质量控制资料参见附录中附注 18 中 1.15）。

4.15 工业设备及管道绝热工程监督要点

4.15.1 绝热材料、防水材料、非金属外护材料质量合格证和检测报告。

4.15.2 中间交接记录。

4.15.3 绝热层、防潮层、保护层的施工质量。

4.15.4 隐蔽工程验收记录。

4.15.5 观感质量检查。

4.15.6 分项、分部工程的施工质量验收评定资料和施工记录（质量控制资料参见附录中附注 18 中 1.16）。

4.16 矿山平巷掘进工程监督要点

4.16.1 设计中心线、腰线偏差值。

4.16.2 底板和裙脚的平整度。

4.16.3 轨道渡线、交叉口的拱墙搭接。

4.16.4　巷道的欠挖、超挖情况。

4.16.5　拱顶开挖成形质量。

4.16.6　巷道成形的整体工程观感质量。

4.16.7　分项、分部工程的施工质量验收评定资料（质量控制资料参见附录中附注 18 中 1.17）。

4.17　矿山斜井掘进工程监督要点

4.17.1　设计中心线、腰线偏差值。

4.17.2　顶、底板接茬及欠挖、超挖情况。

4.17.3　裙脚和直墙部分的平整度。

4.17.4　巷道成形的整体工程观感质量。

4.17.5　分项、分部工程的施工质量验收评定资料（质量控制资料参见附录中附注 18 中 1.17）。

4.18　矿山竖井掘进工程监督要点

4.18.1　设计中心线偏差值。

4.18.2　井筒垂直度。

4.18.3　井筒欠挖、超挖情况。

4.18.4　巷道成形的整体工程观感质量。

4.18.5　分项、分部工程的施工质量验收评定资料（质量控制资料参见附录中附注 18 中 1.17）。

4.19　斜坡道、硐室掘进工程监督要点

4.19.1　设计中心线、腰线偏差值。

4.19.2　底板和裙脚的平整度。

4.19.3　轨道渡线、交叉口的拱墙搭接。

4.19.4　巷道的欠挖、超挖情况。

4.19.5　拱顶开挖成形质量。

4.19.6　巷道成形的整体工程观感质量。

4.19.7　分项、分部工程的施工质量验收评定资料（质量控制资料参见附录中附注 18 中 1.17）。

4.20 巷道永久支护工程监督要点

4.20.1 建筑材料检测、试验报告。
4.20.2 巷道净断面尺寸检查。
4.20.3 混凝土浇筑、锚杆支护、毛石充填隐蔽及验收记录。
4.20.4 随机取样、旁站记录。
4.20.5 混凝土试块、锚杆抗拉拔等检测报告。
4.20.6 观感质量检查。

4.21 矿山注浆堵水工程监督要点

4.21.1 注浆施工方案。
4.21.2 预注浆试验及检测报告。
4.21.3 水压、水量监测记录。
4.21.4 注浆记录、旁站记录。
4.21.5 分项、分部工程验收情况。

4.22 矿山提升设施及装备安装工程监督要点

4.22.1 设备基础验收及隐蔽记录。
4.22.2 竖井井筒、斜井掘砌工程移交验收及隐蔽记录情况。
4.22.3 机械及电气设备出厂合格证、铭牌检查。
4.22.4 钢丝绳出厂合格证、检测报告。
4.22.5 主要设备、仪表、钢丝绳入场验收记录。
4.22.6 井筒装备安装质量及中间验收记录（含隐蔽记录）。
4.22.7 井塔、井架系统安装质量及中间验收记录。
4.22.8 设备安装质量及中间验收记录。
4.22.9 接地、接零检测及其记录。
4.22.10 液压设备、驱动装置的清洗及首次加注记录。
4.22.11 分项、分部工程的施工质量验收评定资料和施工记录（质量控制资料参见附录中附注18中1.17）。

4.23 矿山井下管线安装工程监督要点

4.23.1 设计位置符合性、安全性检查。

4.23.2 相临设施安全间距检测。

4.23.3 轨道安装的规范性。

4.23.4 管道安装的除锈防腐。

4.23.5 滑触线安装的规范性、馈电点接地接零。

4.23.6 井下管线标准化标识标志。

4.24 尾矿库工程监督要点（质量控制资料参见附录中附注18中1.18）

4.24.1 碾压式土石坝筑坝工程监督要点

4.24.1.1 筑坝材料质量及检测报告。

4.24.1.2 坝底及两岸清基。

4.24.1.3 碾压试验及记录。

4.24.1.4 基础处理、检测报告及隐蔽验收记录。

4.24.1.5 坝底防排渗处理及隐蔽记录。

4.24.1.6 坝坡控制情况。

4.24.1.7 坝肩施工。

4.24.1.8 坡面反滤层施工。

4.24.1.9 坝两侧截洪沟或排水沟。

4.24.1.10 构筑物的施工工艺及施工顺序。

4.24.1.11 坝体压实控制。

4.24.1.12 每一层堆坝的中间验收。

4.24.1.13 永久观察点的设置及保护情况，沉降及位移观测记录。

4.24.1.14 分部分项工程质量验收评定资料。

4.24.2 排洪管道、管井工程监督要点

4.24.2.1 建筑材料检测检验报告。

4.24.2.2 基础验槽。

4.24.2.3 钢筋绑扎、模板安装及保护层厚度等中间验收。

4.24.2.4 截面尺寸。

4.24.2.5 防水、止水带合格证及安装质量。

4.24.2.6 排洪管道与隧洞搭接。

4.24.2.7 排洪管道管箍。

4.24.2.8　管道或斜槽两侧人工回填压实。

4.24.2.9　排洪管道的防酸、防腐施工质量。

4.24.2.10　排水井施工质量。

4.24.3　防排渗设施工程监督要点

4.24.3.1　防渗材料材质合格证、检测报告。

4.24.3.2　防渗材料铺设搭接及顶底面平整度。

4.24.3.3　排渗沟、排渗管安装质量及隐蔽记录。

4.24.3.4　排渗检测报告。

4.24.4　排洪隧洞工程监督要点

4.24.4.1　隧洞入口和出口边坡处理。

4.24.4.2　渐变段的连接方式和施工质量。

4.24.4.3　截面尺寸。

4.24.4.4　按设计要求超挖部分的回填、灌注浆等及其隐蔽记录。

4.24.4.5　回填灌浆检查孔检查和固结灌浆压水试验检查报告。

4.24.4.6　锚喷、锚网喷、混凝土、钢筋混凝土浇筑质量。

5　竣工验收阶段监督

单位工程竣工验收是全面考核项目建设成果，检查设计、施工质量的重要环节。监督的主要工作内容包括：对试运行和消缺处理的文件进行监督检查，对工程竣工验收条件的监督检查，对工程竣工验收过程的监督，核定单位工程质量等级。

5.1　试运行

5.1.1　工作要求

应对试运行的过程进行监督检查。

5.1.2　监督要点

核查试运行工作的主要内容。

核查试运行的组织和程序。

核查试运行的报告和记录。

5.1.3　监督要点说明

5.1.3.1　试运行工作的主要内容

对不同性质和类型的工程，试运行的内容是不相同的。如对一般建筑工程而言，试运行无非就是试一试照明灯是否都亮，电力回路是否有电，相序是否正确，有无发热现象；给排水是否畅通，有无渗漏现象等。对于工业安装工程来讲则要复杂得多。以有色冶金安装工程为例，则要包括下列一系列试运行内容：

（1）管道系统内部吹扫、清洗等；

（2）设备填充（催化剂、填料等）；

（3）工业炉耐火衬里烘烤；

（4）设备内部清洗、煮炉；

（5）动力设备润滑系统的清洗、润滑；

（6）泄漏性试验；

（7）仪表系统调试等；

（8）单机试运行；

(9) 无负荷联动试运行。

5.1.3.2 试运行的组织和程序

为了保证试运行的质量，必须有一套组织程序，主要包括：

(1) 建立试运行的组织机构，明确各人的职责；

(2) 制定试运行总体计划，确定试运行进度和试运行关键项目及应急预案；

(3) 制定试运行范围；

(4) 试运行准备工作；

(5) 中间交接及试运行开始前的检查工作；

(6) 试运行的批准。

5.1.3.3 试运行的报告和记录

(1) 在试运行过程中，要派专人对试运行过程进行记录。

(2) 报告、记录内容应翔实、准确，文字简练。

(3) 试运行报告和记录由施工单位填写，并报送建设单位和项目监理机构。

5.2 消缺处理

5.2.1 工作要求

应对消缺的过程进行监督检查。

5.2.2 监督要点

对返修的项目重新进行质量验收，验收必须以国家规范、规程、标准和原设计要求为标准。

5.3 竣工资料整理

参建各方根据相应标准要求整理竣工资料。

5.4 工程竣工验收条件

5.4.1 工作要求

应对工程竣工验收条件进行监督检查（单项工程验收参见附录中附注5）。

5.4.2 监督要点

5.4.2.1 核查施工单位提交的《建设工程竣工报告》的结论及签章情况。

5.4.2.2 核查监理单位出具的《工程质量评估报告》的结论及签章情况。

5.4.2.3 核查勘察、设计单位出具的《质量检查报告》的结论及签章情况。

5.4.2.4 抽查施工资料和监理资料。

5.4.2.5 核查工程质量监督机构提出的要求各责任主体整改的问题全部整改完毕及出具的证明文件。

5.4.2.6 核查竣工验收方案。

5.4.3 监督要点说明

5.4.3.1 工程竣工报告

监理单位对工程进行预验收，确认工程质量符合相关专业验收规范规定，符合工程勘察、设计文件后，施工单位向建设单位提交《建设工程竣工报告》。《建设工程竣工报告》应经项目经理、施工单位有关负责人和总监理工程师签字。

5.4.3.2 工程质量评估报告

《工程质量评估报告》应经总监理工程师和监理单位技术负责人审核签字。

5.4.3.3 勘察、设计出具的质量检查报告

（1）勘察单位的质量检查报告

勘察单位的质量检查报告应经勘察单位项目负责人和单位技术负责人审核签字，向建设单位提交（参见附录中附注19）。

（2）设计单位的质量检查报告

设计单位的质量检查报告应由设计单位项目负责人和单位技术负责人审核签字，向建设单位提交（参见附录中附注20）。

5.4.3.4 抽查施工资料和监理资料

（1）施工资料

施工资料整理、汇总必须按照有关工程建设标准要求分别组卷。

（2）监理资料

监理资料的汇总、整理必须按照有关工程建设标准要求分别组卷。

5.4.3.5 工程质量监督机构对监督抽查中发现的问题下达责令整改通知书后，责任主体对责令整改的问题全部整改完毕并已经回复。

5.4.3.6 竣工验收方案

建设单位收到《建设工程竣工报告》后，负责组织设计、施工、监理等单位有关人员对单位工程进行正式验收。对符合竣工验收条件的工程制定验收方案。验收方案中应包括验收组织形式、验收委员会人员组成、验收程序。验收程序中应明确验收检查内容、部位、数量等。

5.5 竣工验收监督

5.5.1 工作要求

应对工程竣工验收进行现场监督。

5.5.2 监督要点

5.5.2.1 竣工验收组织形式。

5.5.2.2 竣工验收人员资格。

5.5.2.3 竣工验收执行标准。

5.5.2.4 竣工验收程序。

5.5.3 监督要点说明

5.5.3.1 竣工验收组织形式

不同阶段的工程竣工验收有不同的责任单位。

中间验收由监理单位组织，建设单位和施工单位派人参加。该部位的验收资料将作为监督机构进行质量认可的依据之一，同时也是最终验收的依据。

5.5.3.2 竣工验收人员资格

建设单位（项目）负责人组织勘察、设计、施工（含分包单位）、监理等单位（项目）负责人进行单位（子单位）工程验收（参见附录中附注22）。

5.5.3.3 竣工验收执行标准

（1）合同、设计文件。

（2）相关专业工程质量验收规范。

5.5.3.4 竣工验收程序

单位（子单位）工程质量验收应当由建设单位组织并符合国家有关基本建设程序要求（参见附录中附注21、23）。

6　单位工程质量等级核定

6.1　单位工程质量等级核定程序

有色金属工业建设工程实行单位工程质量等级核定制度。单位工程完工后，首先由施工项目经理或技术负责人组织进行单位工程质量等级自评，然后将自评结果提交监理单位。由总监理工程师组织，建设单位参加进行单位工程质量等级综合评定。在此基础上，由施工单位向监督站提交《单位工程质量等级核定申请表》和单位工程质量等级综合评定表，监督站组织单位工程质量等级核定。

6.2　质量控制资料核查

质量控制资料核查应按照《有色金属工业建筑工程质量检验评定统一标准》和《有色金属工业安装工程质量验收统一标准》附录中工程质量控制资料核查记录表的要求进行（参见附录中附注 24、25、26）。

6.3　安全和主要使用功能检验资料及抽查结果核查

应按照《有色金属工业建筑工程质量检验评定统一标准》附录中安全和功能检验资料核查及主要功能抽查记录表的要求进行。

6.4　观感质量评定

应按照《有色金属工业建筑工程质量检验评定统一标准》和《有色金属工业安装工程质量验收统一标准》附录中要求进行（参见附录中附注 27）。

6.5　核定单位工程质量等级

6.5.1　核定要求

核查单位（子单位）工程所含分部（子分部）工程的验评

记录。

单位（子单位）工程所含分部（子分部）工程的质量应验评合格。在核查过程中，应注意以下三点：

6.5.1.1 核查各分部工程中的所含子分部工程是否齐全。

6.5.1.2 核查各分部、子分部工程质量检验评定记录表的各项内容是否符合规定，地基与基础及主体结构和设备安装分部（子分部）工程规定的有关安全及使用功能的检测和抽测项目的检测记录，以及分部（子分部）工程观感质量的评价等（参见附录中案例9）。

6.5.1.3 核查各分部、子分部工程质量验收人员，是否是规定的有相应资格的技术人员。

6.5.2 核定说明

6.5.2.1 分部工程质量等级分为合格与优良，同意验收的分部应视为合格的最低要求。

6.5.2.2 质量控制资料须完整。

6.5.2.3 地基与基础、主体结构、建筑设备安装和工业设备安装等分部工程有关安全及功能的检测和抽样检测结果须符合有关规定。

6.5.2.4 观感质量应符合相关规定。

6.5.2.5 要达到优良等级必须符合《有色金属工业建筑工程质量检验评定统一标准》或《有色金属工业安装工程质量检验评定统一标准》的规定，即：分部（子分部）工程质量应全部符合合格质量标准的规定，其中有60%以上的分部工程（含主要分部工程）质量符合有关优良质量标准的规定。

7　工程质量监督报告

7.1　编写工程质量监督报告的基本要求和内容

工程质量监督报告是工程质量监督机构完成质量监督工作之后向监督申请方提交的说明监督程序、依据、方法、结论以及监督过程中发现问题、处理问题和工程质量状况等基本情况的报告书。

7.1.1　编写工程质量监督报告的基本要求

实事求是；内容全面；准确、简练、及时。

工程质量监督报告应在有关方面提供完整的工程竣工验收资料后的15个工作日内完成并提供给监督申请方。

7.1.2　工程质量监督报告的基本内容

7.1.2.1　工程质量监督机构：写明监督机构名称。

7.1.2.2　建设单位、勘察单位、设计单位、施工单位、监理单位名称及其他情况介绍。

7.1.2.3　工程名称及工程概况介绍。

7.1.2.4　监督依据：概括写明质量监督及质量评价依据的主要法规、标准和规范。

7.1.2.5　监督范围：必要时在监督报告上还要写明纳入工程质量监督的工程范围，特别是对于技术改造项目。

7.1.2.6　监督过程：写明监督起止时间、主要步骤，做了哪些方面的检查工作，查阅了哪些资料文件，进行了哪些检测、鉴定审查工作，发现了哪些方面的问题、如何处理、复验结果如何等等。

7.1.2.7　质量评价：包括质量行为的评价、工程实体质量的评价和工程建设标准强制性条文执行情况。

7.1.2.8　单位工程质量核定等级一览表。

7.1.2.9　其他需要说明的问题。

7.1.2.10　监督机构负责人、负责本项工程具体监督任务的监督工程师和质量监督员签名，监督机构盖章。

7.2 工程质量监督报告的编制

工程质量监督报告是完成工程质量监督工作的最后一道工序，也是质量监督工作中的一个重要环节，在编写监督报告时必须遵守以下几点：

7.2.1 编写前必须对在监督过程中形成的资料进行认真的复核，确保资料准确无误。

7.2.2 对监督形成的证明资料进行分析。对提法不妥、评价不合理等问题进行再次核实，并依据核实情况进行调整，但必须保留原有资料，保证资料的可追溯性。

7.2.3 监督报告应由被监督工程项目的质量监督项目负责人编写，所有参与该工程监督的监督工程师或监督员都应在报告上署名（参见附录中案例10）。

8 工程质量监督档案

8.1 工程质量监督档案制度

8.1.1 建立工程质量监督档案管理制度

为了加强工程质量监督机构的管理，充分发挥工程质量监督的作用，应建立工程质量监督档案。

8.1.1.1 工程质量监督档案，是指在建设工程质量监督过程中形成的具有保存价值的各种文字、图表、照片、声像的文件资料。

8.1.1.2 监督机构应配备专门或兼职档案工作人员，统一管理本单位的监督档案。

8.1.1.3 建立健全文件资料归档制度，对已办理完毕，具有保存价值的文件材料要及时收集、分类整理、专档归卷、定期归档。对应归档的文件材料达到真实、完整。

8.2 工程质量监督档案的内容

8.2.1 监督注册登记相关资料：

(1) 开工报告；

(2) 有关质量责任主体人员资格审查相关资料；

(3) 监督注册登记表。

8.2.2 工程项目监督工作方案。

8.2.3 监督交底会议纪要。

8.2.4 质量行为的监督记录；不良行为记录。

8.2.5 监督检查、巡查、抽测及主要分部工程质量验收监督记录。

8.2.6 建设工程质量整改（或暂停施工）通知书、复工通知书、质量问题调查笔录等。

8.2.7 工程质量事故处理有关文件资料。

8.2.8 单位工程质量等级核验申请资料及单位工程质量等级核定表等。

8.2.9　单位工程质量等级核定清单（可参照附录中附表16）。

8.2.10　工程质量竣工验收监督记录，工程交竣工验收证书等。

8.2.11　工程质量监督报告。

8.2.12　工程监督过程中所形成的照片（含底片）、音像资料。

8.2.13　其他有关资料（档案封面可参照附录中附表1）。

附录1

安全文明施工抽查的主要内容

建设工程施工过程中应采用先进、科学的施工技术，使用合格、有效的防护设施，推进施工现场的标准化、规范化、工具化管理，提高现场安全文明施工水平。

1 施工单位安全文明行为抽查

1.1 抽查安全生产责任制的落实情况。包括：项目经理、技术管理等与施工生产有关的各类人员的安全生产责任制，安全生产管理目标。

1.2 抽查施工组织设计和安全专项方案的编制、审批、落实情况。

施工单位应根据工程实际情况编制施工组织设计，制定必要的安全技术专项措施（方案），并附安全验算结果。施工组织设计、各项安全技术专项措施（方案）由施工单位的技术负责人、监理单位总监批准签字。须经专家论证、审查的，应组织专家论证、审查。对下列施工作业应当编制安全专项施工方案：

基坑支护与降水工程、土方开挖工程、模板工程、起重吊装工程、脚手架工程、拆除、爆破工程、提升作业、大硐室开挖、巷道贯通作业、空区作业、高边坡作业及其他危险性较大的分项分部工程。

1.3 抽查分部（分项）工程安全技术交底落实执行情况。交底要有针对性和可操作性，并形成书面材料，交底人与被交底人双方要履行签字手续。

1.4 抽查施工单位自行组织的定期、不定期安全检查记录及日检、旬检、月检记录，对发现的隐患问题整改落实情况。

1.5 抽查施工单位三级安全教育记录及现场有关安全活动的记录。

1.6 抽查施工现场安全标识、标志的悬挂情况、“三宝”使用情况、“四口”的防护情况。

2　现场文明施工的抽查

2.1　抽查施工现场周边围挡情况。城区主要道路沿街施工围墙高度不低于2.5米，其他施工围墙高度不低于1.8米，墙面不得有破损，达到整洁、坚固、美观。

2.2　抽查施工现场标识标牌设立情况。施工现场应悬挂“五牌一图”，即：工程概况牌、管理人员名单及监督电话牌、安全生产牌、文明施工牌、消防保卫牌和施工现场平面布置图。

2.3　抽查施工现场环境治理情况。施工现场应保持场内道路平整、坚实、畅通；场内有排水、防泥浆、防污水、废水措施；易燃易爆区域设置防火禁烟标识。

2.4　抽查施工现场材料堆放情况。材料、构件、机具、设备等应按总平面布置图的布局，分门别类堆放整齐并挂牌标识。建筑垃圾应按指定地点集中堆放并及时清运。

2.5　抽查现场消防情况。要建立消防应急预案和防火制度，配备必要的消防器材。

2.6　抽查施工现场环境保护情况。施工现场应遵守环境保护法律、法规的规定，采取有效措施控制废气、废水、粉尘和噪声污染，建立施工不扰民措施，夜间未经许可不得施工。

附录2　附表

附表1　建设工程质量监督档案格式

档案编号

有色金属工业建设工程质量监督档案

工程名称

注册编号

建档日期

存档年限

附表2

有色质监［20　　］______号

有色金属工业建设工程
质量监督注册申报书

工程名称：________________________________

建设单位：________________________________

监督机构：________________________________

有色金属工业建设工程质量监督总站监制

为确保有色金属工业建设工程质量，根据国务院《建设工程质量管理条例》、《中国有色金属工业建设工程质量监督管理规定》的规定，建设单位：______________，持有关手续到____________监督站办理建设工程质量监督注册手续。

一、工程概况

工程名称			
工程地址			
建设面积（m^2）		工程概算（万元）	
计划开工日期		计划竣工日期	
勘察单位		资质等级	
设计单位		资质等级	

二、呈报资料

资料名称		文件号
开工报告、可行性研究报告批复或初步设计批复		
施工单位中标通知书		
监理单位中标通知书		
质量保证体系		
责任主体质量承诺书	建设单位	
	勘察单位	
	设计单位	
	施工单位	
	监理单位	

三、建设单位质量管理人员登记表

项目负责人：　　　　　　　　　　　　联系电话：

姓　名	职　务	职　称	专　业	备　注

四、勘察单位人员登记表

<table>
<tr><td>单位名称</td><td colspan="3"></td><td>资质等级</td><td></td></tr>
<tr><td>法人代表</td><td></td><td>项目负责人</td><td></td><td>工地电话</td><td></td></tr>
<tr><td>姓名</td><td>职务</td><td>职称</td><td>专业</td><td colspan="2">执业注册证书号</td></tr>
<tr><td></td><td></td><td></td><td></td><td colspan="2"></td></tr>
<tr><td></td><td></td><td></td><td></td><td colspan="2"></td></tr>
</table>

五、设计单位人员登记表

<table>
<tr><td>单位名称</td><td colspan="3"></td><td>资质等级</td><td></td></tr>
<tr><td>法人代表</td><td></td><td>项目负责人</td><td></td><td>工地电话</td><td></td></tr>
<tr><td>姓名</td><td>职务</td><td>职称</td><td>专业</td><td colspan="2">执业注册证书号</td></tr>
<tr><td></td><td></td><td></td><td></td><td colspan="2"></td></tr>
<tr><td></td><td></td><td></td><td></td><td colspan="2"></td></tr>
</table>

六、根据国务院《建设工程质量管理条例》、《中国有色金属工业建设工程质量监督管理规定》的规定，建设单位应承担以下责任和义务：

建设单位应根据工程特点，配备相应的质量管理人员，或委托工程建设监理单位进行管理。委托监理单位的，建设单位应与工程监理单位签定监理合同，明确双方责任、权利和义务。

建设单位必须根据工程特点和技术要求，按有关规定选择相应资质等级的勘察、设计、施工单位，并签定合同。合同中必须有质量条款，明确质量责任。

建设单位在开工前，必须办理有关工程质量监督手续；组织设计和施工单位人员进行设计图纸会审；施工中应按国家现行的有关工程建设法规、技术标准及合同规定，对工程质量进行检查，工程竣工后，应及时组织有关部门进行竣工验收。

建设单位供应的设备、材料等产品质量，必须符合国家现行的有关法律、法规和技术标准的要求。

建设单位：　　　　　　　　　　监督机构：

（盖章）　　　　　　　　　　　（盖章）

联系人：__________　　　　　　联系人：__________

电　话：__________　　　　　　电　话：__________

有色金属工业建设工程质量监督资料备案登记表（施工）

登记日期：　　　年　　　月　　　日

登记编号：

工程名称		图　号		
施工单位		企业资质		
合同编号		合同造价		
计划开工日期		计划竣工日期		
企业营业执照注册号：		企业资质证书编号：		
安全生产许可证编号：		组织机构代码证代码：		
项目部组织机构（章）				
职　务	姓名/电话	职称	执业注册证书/证书编号	备注
项目经理				
项目副经理				
施工负责人				
技术负责人				
质量检查员				
安全管理员				
取样员				

有色金属工业建设工程质量监督资料备案登记表（监理）

监理单位____________________

序号	姓名/电话	专业	职称	执业注册证书/证书编号	岗位
1					
2					
3					
4					
5					
6					
7					
8					
9					
10					
11					
12					
13					
14					
15					
16					

附表3

工程项目质量监督注册（登记）台账

序号	注册登记时间	工程名称	工程地点	建设单位及项目负责人	工程投资	注册资料审查情况	备注

附表4

有色金属工业建设工程质量监督工作方案/计划

一、方案编制依据

国家和地方的法律、法规、现行工程建设质量标准、规范、规程、规定及施工图设计文件。

二、工程概况

建筑面积：
结构形式：
主要工艺及设备配置：
工程投资：
开工日期：
计划竣工日期：
建设单位：
勘察单位：
设计单位：
施工单位：
监理单位：

三、监督组织及监督工作方式

该项目工程质量监督由____________监督站负责实施。负责人____________，联系电话______________、成员______________（电话   ）、__________（电话   ）。

工程质量监督以定点和随机抽查相结合的方式进行监督检查。

四、监督工作内容

1. 对各方责任主体和有关机构履行质量责任的行为进行监督抽查。

2. 对有关工程质量的文件、资料进行监督抽查。

3. 对工程实体质量进行监督抽查、抽测。

4. 对地基和基础、主体结构、重要安装分部工程及竣工验收进行监督。

五、拟将以下部位、节点或过程列为重点监督控制点：

____

____

____

____

____

____

____

____

____

____

____

____

____

____

____

____

____

____

____

______________________________。

编制人： 年 月 日

审核人： 年 月 日

批准人： 年 月 日

附表5

有色金属工业建设工程质量监督记录

年　月　日

工程名称	
施工单位	
抽查部位	
存在的问题	抽查人员：
处理意见：	
建设单位	
施工单位	
监理单位	

附表 6

分部工程验收监督通知

________________监督站：

__________________________工程_________分部工程已完工，该分部工程的施工技术资料、监理资料已自检完成。拟定于_______年_______月_______日组织对该分部工程进行验收，请贵站派人对验收工作进行监督。

监理（建设）单位：（公章）　　　　签收人：

年　月　日　　　　　　　　年　月　日

联系人：　　　　联系电话：

附表7

____________分部工程质量验收监督记录

<table>
<tr><td>工程名称</td><td colspan="3"></td><td>图号</td><td></td></tr>
<tr><td>单位工程名称</td><td></td><td colspan="2">验收时间</td><td colspan="2"></td></tr>
<tr><td>未完甩项内容</td><td></td><td colspan="2"></td><td colspan="2"></td></tr>
<tr><td rowspan="4">责任主体验收意见</td><td colspan="2">验收内容</td><td colspan="3">抽查部位及检查情况</td></tr>
<tr><td colspan="2">质量控制资料及安全和功能检测报告</td><td colspan="3"></td></tr>
<tr><td colspan="2">工程实体和观感质量</td><td colspan="3"></td></tr>
<tr><td colspan="2">综合验收结论</td><td colspan="3"></td></tr>
<tr><td rowspan="5">责任主体人员</td><td colspan="2">建设单位</td><td colspan="3"></td></tr>
<tr><td colspan="2">勘察单位</td><td colspan="3"></td></tr>
<tr><td colspan="2">设计单位</td><td colspan="3"></td></tr>
<tr><td colspan="2">施工单位</td><td colspan="3"></td></tr>
<tr><td colspan="2">监理单位</td><td colspan="3"></td></tr>
<tr><td>监督意见</td><td colspan="5">监督工程师：</td></tr>
</table>

附表8

建设工程质量事故报告

工程名称			
建设单位		施工单位	
工程地点		事故类型	
事故发生时间及部位			
经济损失		伤亡人数	
事故情况及主要原因			
采取的措施及事故控制情况			
备　注			

施工企业负责人：________ 填报人：________ 填报日期：______

附表9

有色金属工业建设工程质量整改通知书

质改（　　）号

________：

____年___月___日检查发现，你单位在________________

______工程（图号________）中存在下列问题：

____

____

____

现责令整改，并于______年______月______日前整改完毕，填写《建设工程质量整改通知回复》报监督站复查。

检查人员：________

（公章）

年　　月　　日

签收人：______电话：______　签收时间：______

附表 10

有色金属工业建设工程质量整改通知回复

工程名称：　　　　　　　　　　　　图号

<table>
<tr><td>致：________________
　　我方收到质改号为（　　　）的工程质量整改通知书后，已按要求完成了整改工作。现报上，请予以复查。
　　详细整改情况：

　　　　　　　　　　　　　　　　　　责任单位（章）
　　负责人：　　　　　　　　　　　　　　年　　月　　日</td></tr>
<tr><td>监理单位复核意见：

　　负责人：　　　　　　　　　　　　　　年　　月　　日</td></tr>
<tr><td>建设单位复核意见：

　　负责人：　　　　　　　　　　　　　　年　　月　　日</td></tr>
<tr><td>监督站复查意见：

　　负责人：　　　　　　　　　复查人员：年　　月　　日</td></tr>
</table>

附表11

有色金属工业建设工程质量停工通知书

质停（ ）号

________：

______年___月___日检查发现，你单位施工的__________

__________工程（图号__________）中存在下列问题：

____

____

____

现责令对______________进行停工整改，整改完毕，填写《复工申请书》报监督站复查并申请复工，未经复工审查不得擅自开工。

检查人员：__________

（公章）

签收人：________电话：________ 签收时间：________

附表 12

复工申请书

工程名称：　　　　　　　　　　　　　　　　图号

<table>
<tr><td>致：________________

我方收到质停号为（　　　）的工程质量停工通知书后，已按要求完成了整改工作。经检查已具备复工条件，请核查并签发复工指令。

详细整改情况：

责任单位（章）
负责人：　　　　　　　　　　　　年　　月　　日</td></tr>
<tr><td>监理单位复核意见：

负责人：　　　　　　　　　　　　年　　月　　日</td></tr>
<tr><td>建设单位复核意见：

负责人：　　　　　　　　　　　　年　　月　　日</td></tr>
</table>

附表13

复工通知书

____________： 我站于______年___月___日在工程质量监督检查中对你单位施工的__________________工程（图号___）中存在的问题下达了质停号为（　　）的工程质量停工通知书，并于______年___月___日收到你单位的复工申请书。经复查，提出如下意见： 复查人员： 年　　月　　日
站长审批意见： （公章） 年　　月　　日

附表 14

建设工程竣工验收通知书

__________监督站：

我单位建设的____________________工程已具备竣工验收条件，拟定于______年____月____日____时组织竣工验收。请贵站派员对验收工作进行监督。

验收机构组成如下：

主　任		副主任	
成　员			
各专业组	组　长	组　员	
建筑工程			
设备安装工程			
管道安装工程			
电气装置安装工程			
自动化仪表安装工程			
防腐蚀工程			
绝热工程			
筑炉工程			
其他工程			

建设单位：（公章）　　　　　　　　　　签收人：

年　月　日　　　　　　　　　　　　　　年　月　日

联系人：　　　　　　联系电话：

附表15

竣工工程质量验收监督记录

单位工程名称		
验收时间		
责任主体验收意见	验收内容	抽查情况
	质量控制资料	
	安全和主要使用功能抽查报告	
	观感质量验收	
	综合验收结论	
责任主体人员	建设单位	
	勘察单位	
	设计单位	
	施工单位	
	监理单位	
监督意见	监督工程师： 站长：	

附表16

单位工程质量等级核定台账

项目名称：

序号	申报编号	评定编号	单位工程名称	施工单位	竣工时间	评定等级	核定等级	核定日期	备注

附录3　案例

案例1　监督工作方案

重庆铝业环保搬迁大板锭工程项目监督工作方案

一、方案编制的依据

《中华人民共和国建筑法》（主席令第91号）、《建设工程质量管理条例》（国务院令第279号）、《房屋建筑和市政基础设施施工质量监督管理规定》（住房和城乡建设部令第5号）、《关于建设工程质量监督机构深化改革的指导意见》（建建[2000]151号）、《建设工程质量监督机构监督指南》（建建质[2000]38号）、《中国有色金属工业建设工程质量监督管理规定》。

二、工程概况

重庆铝业环保搬迁大板锭工程项目通过了重庆国资委《关于组建重庆旗能电铝有限公司的批复》（渝国资[2008]64号）、重庆能源总公司《关于重庆铝业环保搬迁技术改造项目总体规划的批复》（渝能源发[2009]85号）、重庆环保局《关于綦江县北渡铝工业园环境影响报告书审查意见》（渝环函[2010]397号）、綦江国土局《关于同意旗能环保搬迁大板锭一期项目使用土地的批复》（綦府地[2010]119号）等文件批复。该项目设计年产能为电解铝33万吨和阳极碳块16万吨。项目总投资46.7亿元人民币。该工程由两栋（1116m×30m）电解厂房（各配有420kA大型预焙电解槽148台）及配套的整流变电、净化系统和氧化铝供配料系统、空压站、循环水、阳级组装、碳块转运站、附属设施等组成。

三、各方责任主体情况

重庆旗能电铝有限公司作为建设单位，从原大板锭厂抽调和社会上招聘了一些专业人员组成了以易智民为项目负责人的工程项目管理部进行管理。

承担设计的中铝国际工程股份有限公司贵阳铝镁设计研究院是具有甲级资质的设计单位；项目负责人赫×，为注册结构工程师。

负责工程监理的山西晋正建设工程项目管理有限公司具有冶炼工程甲级资质；项目总监理工程师张××，为注册建设监理工程师。

承担施工任务的重庆建工、中建八局、六冶、十二冶、二十三冶、四川建设、重庆电网等施工单位都具有相应等级的资质证书。

四、监督组织

为强化工程的质量监督工作，有色工程质量监督总站组成重庆旗能电铝监督直属站进驻现场进行工程质量监督。

按照相关规定配备了站长、副站长，黄××任站长、宋××任副站长，×××、×××为监督工程师。

五、监督工作方式：以定点和随机抽查相结合的方式进行监督检查。每一个月组织一次施工现场综合考评。

六、监督内容

（1）对各方责任主体和有关机构履行质量责任的行为进行监督抽查。

（2）对有关工程质量的文件、资料进行监督抽查。

（3）对工程实体质量进行抽查和抽测。

（4）对厂房的地基基础、主体结构、铝电解槽制作和安装、铝母线制作和安装、电解槽的筑炉工程及竣工验收进行监督。

七、消除电解槽质量通病的监督措施

（1）铝电解槽是电解厂的核心设备，必须严格按照《420kA大型预焙电解槽制作规程》施工，坚持先制作样板槽，检查合格后再全面铺开制作。

（2）铝母线软带制作、阴极钢棒与铝铁爆炸焊片的连接是个隐蔽工程，各施工单位不得以计件形式承包，强调责任到人，每名焊工须在接头处打出代表自己的钢号。

（3）硬铝母线的焊接连接必须按规定打坡口，压接连接必须用着色法检查以保证足够大的接触面。

（4）针对阴极炭块制作需开槽的新工艺，强调监理必须选派筑炉专业的工程师；监督站将组织筑炉施工讲座。

案例2 监督工作计划

中铝重庆年产80万吨氧化铝项目精滤工程质量监督计划

中国有色金属工业六冶重庆工程指挥部：

根据监督登记37号，由我站对精滤工程进行质量监督。为保证质量监督工作的顺利实施，使监督工作开展有序，依据《建设工程质量管理条例》，特制定如下监督计划。

一、工程概况

根据施工图设计文件，该工程系中铝重庆年产80万吨氧化铝项目，其建安工程主要有钢结构主厂和配电室以及非标设备制安，工艺管道制安，工艺设备、电气设备安装等。该工程由沈阳铝镁设计研究院设计，中国有色金属工业六冶重庆工程指挥部施工，河津市晋正建设监理有限责任公司监理。

二、计划编制依据

编制计划的主要依据是

施工图设计文件（CS0614-27）；

施工组织设计；

有关施工质量验收规范：

《工程建设标准强制性条文》（房屋建筑部分）

《建筑工程施工质量验收统一标准》

《钢结构工程施工质量验收规范》

《建筑钢结构焊接技术规程》

《工业金属管道工程施工及验收规范》

《现场设备、工业管道焊接工程施工及验收规范》

《建筑电气工程施工质量验收规范》

《电气装置安装工程接地装置施工及验收规范》

《有色金属工业建筑工程质量评定标准》

《有色金属工业建设工程安装质量检验评定统一标准》

三、监督组织

该项目由监督工程师姬××、姚××等二人组成工程质量监督组。

四、监督工作内容及要求

（1）核查受监工程的设计、监理、施工、检测单位的资质以及参建各方质量行为及执行强制性标准的情况。

（2）工程施工中，监督人员对工程质量进行抽查。根据本工程的特点，当施工至：

1）第一批厂房基础挖至设计要求的持力层及要求深度时的验槽及钢筋绑扎完时。

2）第一批设备基础验槽及耐碱混凝土浇筑时。

3）第一批主厂房钢结构制作时的检查。

4）高强螺栓连接摩擦系数检测报告的检查。

5）第一台粗液底板拼接及焊接时的检查。

6）第一台粗液槽第一围壁板安装焊接时的检查。

7）粗液槽，第一批焊缝探伤检测时的检查。

8）变、配电室的盘柜安装的检查。

9）防雷引下线与基础钢筋焊接及隐蔽前的检查。

10）接地装置及电阻测试时的检查。

11）第一批工艺管道水压试验时的检查。

对上述重点检查部位，施工单位应提前通知我站到现场核查。

（3）除对上述质量控制点进行重点监督检查外，监督人员采用抽检与巡检相结合的办法随机抽查工程的施工质量，并对各方面的质量行为及质量责任制落实情况进行检查。我站对该工程的检查次数不少于12次。

（4）我站选派姬××、姚××同志为工程的项目监督工程师，请配合工作。

电话：　　　　　　　　手机：

监督站地址：水江镇南陵路

案例3 混凝土灌注桩分项工程质量监督

一、混凝土灌注桩工程作业面

（一）监督要点

（1）核查水泥、砂、石子、焊条、钢筋的产品合格证、出厂检验报告等。

（2）核查水泥、砂、石子、钢材、钢筋焊接、钢筋机械连接、混凝土强度检验报告等的代表数量、性能指标和签章情况。

（3）核查混凝土灌注桩工程材料报验表的审查意见和签字情况。

（4）核查混凝土灌注桩（钢筋笼）工程检验批质量验收记录的检验评定和签字情况。

（5）核查混凝土灌注桩工程配合比通知单的配合比及签章情况。

（6）核查混凝土灌注桩工程桩位测量放线记录的放线、签字和签章情况。

（7）核查混凝土灌注桩工程试打桩情况记录的评定意见和签字情况。

（8）核查混凝土灌注桩工程作业面的成桩质量。

（二）试验要求介绍

（1）水泥、砂、石子、钢材、钢筋焊接、钢筋机械连接参见混凝土工程。

（2）混凝土强度试验

灌注桩每浇注50m³必须有一组试件，小于50m³的桩，每根桩必须有一组试件。

二、混凝土灌注桩分项工程验评

（一）监督要点

（1）核查混凝土灌注桩工程成桩记录的内容和签字情况。

（2）核查混凝土灌注桩工程钢筋隐蔽验收记录的检验和签字情况。

（3）核查混凝土灌注桩工程桩体质量、桩的承载力检验等报告的检测方法、检测数量、检测结论和签章情况。

（4）核查混凝土灌注桩工程检验批、分项工程质量验收记录的检验评定和签字情况。

（5）核查混凝土灌注桩工程实体成桩质量，并复核与检验批质量验收记录、分项工程质量验收记录、隐蔽验收记录的相符情况。

（二）试验要求介绍

1. 桩体质量（桩身完整性）检验

取样规定：对成桩质量可靠性低的灌注桩，抽检数量不应少于总数的30%，且不少于20根；对地下水位以上且终孔后经过核验的灌注桩，检验数量不应少于总数的10%，且不应少于10根。每个柱子承台下不得少于1根。

2. 桩的承载力检验

取样规定：检验桩数不应少于总桩数的1%，且不少于3根；当总桩数少于50根时，不应少于2根。

案例4 混凝土工程质量监督

一、模板工程监督要点

（1）核查模板工程材料、构配件报验表的审查意见和签字情况。

（2）核查模板安装工程、预制构件模板工程检验批质量验收记录的检验评定和签字情况。

（3）抽查模板安装工程实体安装质量，并复核与检验批质量验收记录的相符情况。

二、钢筋工程

（一）监督要点

（1）核查钢筋、焊条（剂）、套筒合格证、钢筋机械连接接头的形式检验报告等。

（2）核查钢筋进场复试报告，钢筋焊接、钢筋机械连接试验报告等的代表数量、性能指标和签章情况。

（3）核查钢筋工程材料、构配件报验表的审查意见和签字情况。

（4）核查钢筋隐蔽工程验收记录的检验和签字情况。钢筋隐蔽工程内容包括：

1）纵向受力钢筋的品种、规格、数量、位置等；

2）钢筋的连接方式、接头位置、接头数量、接头面积百分率等；

3）箍筋、纵向钢筋的品种、规格、数量、间距等；

4）预埋件的规格、数量、位置等。

（5）核查钢筋加工、连接、安装工程检验批质量验收记录的检验评定和签字情况。

（6）抽查钢筋加工、连接、安装检验批工程实体质量，并复核与检验批质量验收记录、隐蔽工程验收记录的相符情况。

（二）试验要求介绍

1. 钢筋进场复试

（1）钢筋进场时，应按现行国家标准《钢筋混凝土用钢：热轧带肋钢筋》的规定抽取试件做力学性能检验，其质量必须符合有关标准的规定。

对有抗震要求的框架结构，其纵向受力钢筋应满足设计要求；当设计无具体要求时，对一级、二级抗震等级，检验所得的强度实测值应符合下列规定：

钢筋的抗拉强度实测值与屈服强度实测值的比值不应小于1.25；

钢筋的屈服强度实测值与强度标准值的比值不应大于1.3。

（2）取样规定：钢筋应按批进行检查和验收，每批重量不大于60t。每批应由同一牌号、同一炉罐号、同一交货状态的钢筋组成。

热轧钢筋每批应作2个拉伸试验、2个弯曲试验。

当发现钢筋脆断、焊接性能不良或力学性能显著不正常或为进口钢筋等现象时，应对该批钢筋进行化学成分检验或其他专项检验。

2. 钢筋焊接接头、机械连接接头力学性能试验

（1）在施工现场，应按现行行业标准《钢筋机械连接技术规程》、《钢筋焊接及验收规程》的规定抽取机械连接接头、焊接接头试件作力学性能检验，其质量应符合有关规程的规定。

（2）取样规定

1）闪光对焊接头　同一台班内，由同一焊工完成的300个同牌号、同直径钢筋焊接接头作为一批。从每批接头中随机切取6个接头，其中3个作拉伸试验，3个作弯曲试验。

2）电弧焊接头　在现浇钢筋混凝土结构中，应以300个同牌号钢筋、同形式接头为一批；在房屋结构中，应在不超过二楼层中300个同牌号钢筋、同形式接头为一批。每批随机切取3个接头作拉伸试验。

3）电渣压力焊接头　在现浇钢筋混凝土结构中，应以300个同牌号钢筋接头为一批；在房屋结构中，应在不超过二楼层中300个同牌号钢筋接头为一批；不足300个接头时，仍应作为一批，每批随机切取3个接头作拉伸试验。

4）气压焊接头　在现浇钢筋混凝土结构中，应以300个同牌号钢筋接头为一批；在房屋结构中，应在不超过二楼层中300个同牌

号钢筋接头为一批；不足300个接头时，仍应作为一批，每批随机切取3个接头作拉伸试验。

在柱、墙的竖向钢筋连接中，每批随机切取3个接头作拉伸试验。在梁、板的水平钢筋连接中，应另切取3个接头作弯曲试验。

5）钢筋机械连接接头　接头的现场检验按验收批进行。同一施工条件下采用同一批材料的同等级、同形式、同规格接头，以500个为一个验收批进行检验和验收，不足500个也应作为一个验收批。

对接头的每一验收批，必须在工程结构中随机截取3个接头作抗拉强度试验，按随机要求的等级进行评定。

三、混凝土现浇工程

（一）监督要点

1. 自拌混凝土

（1）核查水泥、外加剂、掺合料的产品合格证、出厂检验报告等。

（2）核查水泥、外加剂、掺合料、砂、石进场复试报告，水质试验报告等的代表数量、性能指标和签章情况。

（3）核查混凝土施工配合比通知单的配合比及签章情况。

2. 预拌（商品）混凝土

（1）核查预拌（商品）混凝土合格证。应包括以下内容：委托单位、工程名称、使用部位、供应数量、日期、混凝土强度等级，使用原材料及外加剂情况，混凝土标养试验结果，出厂合格证必须有生产技术负责人、质量检查员签字，并加盖生产单位公章。

（2）核查预拌（商品）混凝土生产厂提供的资料，包括水泥品种、强度等级及每立方米混凝土中的水泥用量；骨料的种类和最大粒径；外加剂、掺合料的品种及掺量；混凝土强度等级和塌落度；混凝土配合比和标准件强度；对轻骨料混凝土尚应提供密度等级。

（3）核查混凝土现浇工程材料报验表的审查意见和签字情况。

（4）核查混凝土中氯化物、碱的总含量计算书。

（5）核查混凝土原材料及配合比设计检验批验收记录的检验评定和签字情况。

（6）抽查混凝土作业面的混凝土塌落度及浇注情况。

（二）试验要求介绍

1. 水泥进场复验

（1）水泥进场时应对其品种、级别、包装或散装仓号、出厂日期等进行检查，并应对其强度、安定性及其他必要的性能指标进行复验，其质量必须符合现行国家标准《通用硅酸盐水泥》等的规定。

当在使用中对水泥质量有怀疑或水泥出厂超过三个月（快硬硅酸盐水泥超过一个月）时，应进行复验，并按复验结果使用。

钢筋混凝土结构、预应力混凝土结构中，严禁使用含氯化物的水泥。

（2）取样规定：按同一生产厂家、同一等级、同一品种、同一批号且连续进场的水泥，袋装不超过200t为一批，散装不超过500t为一批，每批抽样不少于一次。

2. 砂子试验取样规定

（1）以同一产地、同一规格每400m^3或600t为一验收批，不足400m^3或600t也按一批计。每一验收批取样一组（20kg）。

（2）当质量比较稳定、进料量较大时，可定期检验。

（3）取样部位应均匀分布，在料堆上从8个不同部位抽取等量试样（每份11kg）。然后用四分法缩至20kg，取样前先将取样部位表面铲除。

3. 石子试验取样规定

（1）以同一产地、同一规格每400m^3或600t为一验收批，不足400m^3或600t也按一批计。每一验收批取样一足（20kg）。

（2）当质量比较稳定、进料量较大时，可定期检验。

（3）一组试样40kg（最大粒径10mm、16mm、20mm）或80kg（最大粒径31mm、35mm、40mm），取样部位应均匀分布，在料堆上从5个不同部位抽取大致相等的试样15份（料堆的顶部、中部、底部）。每份5～40kg，然后缩分至40kg或80kg送试。

4. 水质试验取样规定

（1）取样数量为23L。

（2）取样方法：井水、钻孔水应放水冲洗管道后采集；江湖水应在中心位或水面下500mm采集。

5. 外加剂、矿物掺合料复验

（1）外加剂的质量及应用技术应符合现行国家标准《混凝土外加剂》、《混凝土外加剂应用技术规范》等和有关环境保护规定。

预应力混凝土结构中，严禁使用含氯化物的外加剂。钢筋混凝土结构中，当使用含氯化物的外加剂时，混凝土中氯化物的总含量应符合现行国家标准《混凝土质量控制标准》的规定。

（2）取样规定：

1）外加剂。生产厂家应根据产量和生产设备条件，将产品分批编号，掺量大于1%（含1%）同品种的外加剂每一编号为100t，掺量小于1%的外加剂每一编号为50t，不足100t与50t的也可按一个批量计，同一编号的产品必须是混合均匀的。

每一编号取样量不少于0.2t水泥所需用的外加剂量。

2）矿物掺合料

a. 粉煤灰

以连续供应相同等级的不超过200t为一验收批，每批取试样一组（不少于1kg）。

散装灰取样，从不同部位取15份，每份1～3kg，混合拌匀按四分法缩取出1kg送试（平均样）。

袋装灰取样，从每批任抽10袋，每袋不少1kg，按上述方法取平均样1kg送样。

b. 天然沸石粉

以相同等级的沸石粉不超过120t为一验收批，不足120t也按一批计，每批取试样一组（不少于1kg）。

袋装粉取样，应从每批任抽10袋，每袋中各取样不少1kg，按四分法缩取平均试样。

散装沸石粉取样时，应从不同部位取10份试样，每份不少于1kg，然后缩取平均试样。

四、混凝土工程检验批质量

（一）监督要点

（1）核查混凝土试件的抗压强度、有抗渗要求混凝土的抗渗试验报告的代表数量、性能指标和签章情况。

（2）核查混凝土工程的混凝土浇注申请书、混凝土开盘鉴定、混凝土工程施工记录、混凝土塌落度检查记录、冬期混凝土搅拌及浇灌测温记录的内容和签字情况。

（3）核查混凝土施工、现浇结构外观及尺寸偏差、混凝土设备基础外观尺寸偏差、检验批质量验收记录的检验评定和签字情况。

（4）抽查混凝土结构工程检验批实体质量，并复核与检验批质量验收记录的相符情况。

（5）抽测混凝土结构实体保护层厚度、钢筋位置、混凝土强度、几何尺寸等的质量情况。

（二）试验要求

1. 混凝土试件的抗压强度检验

混凝土结构的强度等级必须符合设计要求。用于检查结构构件混凝土强度的试件，应在混凝土的浇筑地点随机取样。取样与试件留置应符合下列规定：

（1）每拌制100盘且不超过100m^{3}的同配合比的混凝土，取样不得少于一次；

（2）每工作班拌制的同一配合比的混凝土不足100盘时，取样不得少于一次；

（3）当一次连续浇注超过1000m^{3}时，同一配合比的混凝土每200m^{3}取样不得少于一次；

（4）每一楼层，同一配合比的混凝土，取样不得少于一次；

（5）每次取样应至少留置一组标准养护试件，同条件养护试件的留置组数应根据实际需要确定。

2. 有抗渗要求的混凝土抗渗检验

（1）对有抗渗要求的混凝土结构，其混凝土试件应在混凝土的浇注地点随机取样。同一工程、同一配合比的混凝土，取样不得少于一次，留置组数应根据实际需要确定。

（2）取样规定：连续浇注混凝土每500m^{3}应留置一组抗渗试件（一组为6个抗渗试件），且每项工程不得少于两组。采用预拌混凝土的抗渗试件，留置组数应视结构的规模和要求而定。

案例5　砌体结构分项工程质量监督

一、砌体结构工程作业面

（一）监督要点

（1）核查水泥、砖、混凝土小型空心砌块、配筋砌体工程的钢筋、填充墙砌体工程的砖或砌块产品合格证、产品性能检测报告，有机塑化剂砌体强度的检验报告。

（2）核查水泥试验报告，芯柱用石子试验报告，砖、混凝土小型空心砌块、配筋砌体工程的钢筋、填充墙砌体工程的砖或砌块的试验报告，砂、水质试验报告，砂浆外加剂的检验报告等的代表数量、性能指标和签章情况。

（3）核查砌体结构工程材料报验表的审查意见和情况。

（4）核查砌筑砂浆配合比通知单的配合比及签章情况。

（5）砌体结构工程作业面实体砌筑质量。

（二）试验要求介绍

（1）水泥、砂浆外加剂、钢筋检验参见混凝土工程。

（2）砂浆中有机塑化物检验。

（3）取样规定；每一进场批次检验不少于一次。

1）砖进场检验取样规定：砖的强度等级必须符合设计要求。每一生产厂家的砖到现场后，按烧结砖15万块、多孔砖5万块、灰砂砖及粉煤灰砖10万块各为一个验收批，抽检数量为一组。

2）小砌块进场复试：小砌块的强度等级必须符合设计要求。同一生产厂家、同一品种、同一强度等级的每1万块为一验收批，每一验收批应抽查一组；用于多层以上建筑基础和底层的小砌块抽检数量不少于2组。

二、砌体结构工程检验批验评

（一）监督要点

（1）核查砌体砂浆试块强度试验报告，构造柱、芯柱、组合砌体构件、配筋砌体剪力墙构件的混凝土或砂浆试块强度试验报告等的代表数量、性能指标和签章情况。

（2）核查砌体结构工程拉结筋、配筋砌体工程钢筋隐蔽工程验收记录的检验和签字情况。

（3）核查砖砌体（混水）工程、混凝土小型空心砌块砌体工程、石砌体工程、配筋砌体工程的钢筋、填充墙砌体工程检验批质量验收记录的检验评定和签字情况。

（4）抽查砌体结构工程实体砌筑质量，并复核与检验批质量验收记录、隐蔽工程验收记录的相符情况。

（二）试验要求介绍

1. 砂浆的强度检验

（1）砌筑砂浆试块强度验收时其强度合格标准必须符合以下规定：同一验收批砂浆试块抗压强度平均值必须大于设计强度等级所对应的立方体抗压强度；同一验收批砂浆试块抗压强度的最小一组平均值必须大于或等于设计强度等级所对应的立方体抗压强度的0.75倍。

1）砌筑砂浆的验收批，同一类型、强度等级的砂浆试块应不少于3组。当同一验收批只有一组试块时，该组试块抗压强度的平均值必须大于或等于设计强度所对应的立方体抗压强度。

2）砂浆强度应以标准养护，龄期为28天的试块抗压试验结果为准。

（2）每一检验批且不超过250m^3砌体的各种类型及强度等级的砌筑砂浆，每台搅拌机应至少抽检一次（同盘砂浆只应作一组试块）。

2. 构造柱、芯柱、组合砌体剪力墙构件的混凝土或砂浆的强度等级试验见混凝土工程。

案例6 管道安装分项工程质量监督

一、管道安装作业面

（一）管道的连接方法

管道的连接方法主要有：螺纹连接、法兰连接、焊接连接、插接连接、粘接连接、胀接连接和卡套式连接等方法。

1. 螺纹连接

螺纹连接是通过外螺纹和内螺纹之间的相互啮合来实现规定连接的。为了保证管接口的严密性，在内外螺纹间应加上适当的填料，以防止接口的泄漏。填料应根据管内输送介质及温度进行选用，管子连接完成后被挤出的填料应清理干净。对于黄粉、甘油类填料施工中必须随时调用，防止硬化报废。

2. 法兰连接

管道安装时，应对法兰密封面及密封垫圈进行外观检查，不得有影响密封性能的缺陷存在，如不得有沙眼、裂纹、毛刺等降低法兰强度和连接可靠性的缺陷。当管子和法兰焊接时，要求法兰端面和管子中心垂直，其垂直度可用角尺和钢直尺检查，公称尺寸小于300mm时，垂直度误差不得超过1mm；公称尺寸大于300mm时，垂直度误差不得超过2mm。管子插入法兰内与密封面应留出一定的距离，以便于内口的焊接，但该距离最多不应超过法兰厚度的2/3。由于平焊法兰承受了机械应力和热应力，在断裂时是整副法兰突然断裂，因此平焊法兰的内、外两面都必须与管子焊接。

法兰与管子焊接后，应使法兰垂直于管子轴线，其偏差不应大于法兰外径的0.15%且不大于2mm；两侧法兰的同轴度应符合规范要求。

法兰垫片应符合标准要求，周边应整齐，垫片尺寸与法兰密封面相符。当大口径的垫片需拼接时应采用斜口搭接，不得平口对接。必要时可根据需要在垫片上涂以石墨粉、二氧化钼油脂、石墨机油等。紫铜等金属垫片安装前应进行退火处理。

法兰不得埋入地下。为了便于拆装，法兰安装位置与固定建筑物或支架边缘的距离不应小于200mm。

3. 焊接连接

焊接接口具有牢固耐久、接头强度高、严密性好、成本低、使用后不需经常维修管理的优点，在有色安装工程中，焊接连接得到广泛的应用。

（二）管道焊缝位置

管道焊缝位置应符合下列规定：

（1）直管段上两对接焊口中心面间的距离，当公称直径大于或等于150mm时，不应小于150mm；当公称直径小于150mm时，不应小于管子外径。

（2）焊缝距离弯管（不包括压制、热推或中频弯管）起弯点不得小于100mm，且不得小于管子外径。

（3）卷管的纵向焊缝应置于易检修的位置，且不宜在底部。

（4）环焊缝距支、吊架净距不应小于50mm；需热处理的焊缝距支、吊架不得小于焊缝宽度的5倍，且不得小于100mm。

（5）有加固环的卷管，加固环的对接焊缝应与管子纵向焊缝错开，其间距不应小于100mm。加固环距管子的环焊缝不应小于50mm。

（6）不应在管道焊缝及其边缘上开孔。

（三）管道焊接规定

管道焊接应符合下列规定：

管子对口焊接前应检查其平直度，平直度的测量应在距接口200mm处，允许偏差为1/1000mm；但全长允许偏差最大不超过10mm。检查时也可用400mm水平尺进行直接测量。

（四）监督要点

（1）核查管网管材、管件、配件、平衡阀、调节器、补偿器、保温等材料的质量合格证明文件、性能检测报告等。

（2）核查阀门的强度和严密性试验的记录内容和签字情况。

（3）核查补偿器预拉伸记录的记录内容和签字情况。

（4）核查原材料、成品、半成品、设备报验表的审核意见和签字情况。

(5) 抽查管道安装作业面实体的管道及配件、设备及辅助设备安装质量。

(五) 试验要求介绍

1. 阀门的强度和严密性试验

(1) 阀门的强度试验压力为公称压力的1.5倍；严密性试验压力为公称压力的1.1倍；试验压力在试验持续时间内应保持不变，且壳体填料及阀瓣密封面无渗漏。

(2) 取样规定：在每批同牌号、同型号、同规格数量中抽查10%，且不少于一个，对于安装在主干管上起切断作用的闭路阀门，应逐个作强度和严密性试验。

2. 管道伸缩器预拉伸

(1) 管道伸缩器必须实行预拉伸。

(2) 取样规定：全数预拉伸。

二、管道安装分项工程验评

(一) 监督要点

(1) 核查管道安装隐蔽工程验收记录的检验和签字情况。包括直埋于地下及结构中，暗敷于管沟、管井、吊顶等不便于进入的设备层内，以及有保温隔热要求的热水管道及设备；在地基与基础施工阶段暗敷的室外供热管道；

(2) 核查管道强度试验、严密性试验记录的试验数据及评定签字情况。

(3) 核查管道冲洗试验记录的试验数据及评定签字情况。

(4) 核查平衡阀、调节阀调试和签字情况。

(5) 核查系统试运行和调试记录的运行调试和签字情况。

(6) 核查管网及管件安装、管网系统水压试验及调试检验批质量验收记录的检验评定和签字情况。

(7) 抽查管网安装实体质量，并复核与检验批、分项、子分部质量验收记录的相符情况。

(二) 试验要求介绍

1. 管网系统水压试验

试验压力为工作压力的1.5倍，但不小于0.6MPa。

在试验压力下10min内压力降不大于0.05MPa，然后降至工作压力下检查，不渗不漏。

2. 管网系统冲洗试验

管网系统试压合格后，应对系统进行冲洗，冲洗以现场观察排出水不含泥沙、铁屑的杂质，且水色不混浊为合格。

3. 平衡阀、调节阀调试

平衡阀、调节阀型号、规格及公称压力应符合设计要求，安装后应根据系统要求进行调试，并作出标志。

4. 试运行和调试

系统冲洗完毕应充水、加热，进行试运行和调试；当不具备加热条件应延期进行。

案例7 成套配电柜、控制柜（屏、台）和动力、照明配电箱（盘）安装质量监督

一、监督要点

（1）核查柜、屏、台、箱、盘内的元件型号、规格、电压等级、合格证等；高低压成套配电柜、蓄电池柜、不间断电源柜、控制柜（屏、台）及动力、照明配电箱（盘）等产品技术文件、许可证编号、安全认证标志、产品合格证等；不间断电源柜出厂试验记录；高压瓷件出厂检验报告、产品合格证等。

（2）核查成套配电柜、控制柜（屏、台）和动力、照明配电箱（盘）安装设备、器材到达现场后的包装及密封情况，开箱后检查清点规格、附件、备件、产品的技术文件齐全情况。

（3）核查成套配电柜、控制柜（屏、台）和动力、照明配电箱（盘）安装工程材料、构配件报验表的审查意见和签字情况。

（4）核查高压成套配电柜交接试验报告性能指标和签章情况。

（5）核查低压成套配电柜交接试验报告性能指标和签章情况。

（6）核查柜、屏、台、箱、盘线路的线间和线对地间绝缘电阻值测试记录的测试和签字情况。

（7）核查柜（屏、盘、台等）间二次回路耐压试验记录的试验和签字情况。

（8）核查直流屏试验记录的试验和签字情况。

（9）核查成套配电柜、控制柜和动力、照明配电箱基础及相关预埋件交接检验记录的内容和签字情况。

（10）核查埋入基础的电线、电缆导管；墙上明装的动力、照明配电箱安装工程的预埋件（金属埋件、螺栓），抹灰前预埋和预留；暗装的动力、照明配电箱的预留孔和动力、照明配线的线盒及电线导管、设备框架及基础型钢接地、装有电器的开启门和接地端子间用裸编织铜线连接及标识等隐蔽工程验收记录的验收和签字情况。

（11）核查成套配电柜、控制柜和动力、照明配电箱安装检验批

质量验收记录的检验评定和签字情况。

（12）核查成套配电柜、控制柜和动力、照明配电箱安装工程质量，并复核与检验批质量验收记录、隐蔽工程验收记录的相符情况。

二、试验要求介绍

1. 高压成套配电柜交接试验

按现行国家标准《电气装置安装工程电气设备交接试验标准》的规定进行试验。

2. 低压成套配电柜交接试验

低压成套配电柜交接试验应符合下列规定：

（1）每路配电开关及保护装置的规格、型号应符合设计要求。

（2）相间和相对地间的绝缘电阻应大于0.5MΩ。

（3）电气装置的交流工频耐压试验电压为1kV，当绝缘电阻值大于10MΩ时，可采用2500V兆欧表摇测替代，试验持续时间1min，无击穿闪络现象。

3. 柜、屏、台、箱、盘线路的线间和线对地间绝缘电阻值测试

（1）柜、屏、台、箱、盘线路的线间和线对地间绝缘电阻值，馈电线路必须大于0.5MΩ，二次回路必须大于1MΩ。

（2）柜（屏、盘、台等）间二次回路交流工频耐压试验。

柜（屏、盘、台等）间二次回路交流工频耐压试验，当绝缘电阻值大于10MΩ时，可采用2500V兆欧表摇测1min，应无击穿闪络现象；当绝缘电阻值在1～10MΩ时，做1000V交流工频耐压试验，时间1min，应无击穿闪络现象。

4. 直流屏试验

直流屏试验，应将屏内电子器件从线路上退出，计策主回路线间和线对地间绝缘阻值应大于0.5MΩ，直流屏所附蓄电池组的充、放电应符合产品技术文件要求；整流器的控制调整和输出特性试验应符合产品技术文件要求。

案例8　工业设备安装的分项工程质量监督

一、焊接连接工程

按《金属熔化焊焊缝缺陷分类及说明》的分类，焊接缺陷分为裂纹、孔穴（气孔）、固体夹杂（夹渣）、未熔合和未焊透、形状缺陷（咬边、余高超高、凸度过大、错边、焊瘤、未填满、根部收缩等）和其他缺陷六大类。

以危害程度划分把缺陷分为裂纹、面状缺陷、条状缺陷和圆形缺陷四种类型（长宽比大于3的缺陷再分为面状和条状，未熔合和未焊透应属面状的缺陷，比条状孔穴（气孔）、固体夹杂（夹渣）的危害性大）。

（一）监督要点

（1）核查钢罐、槽焊接工程所用焊条、焊丝、焊剂、电渣焊熔嘴、焊钉、焊接瓷环和焊接用保护气体出厂检合格证等质量证明文件。

（2）核查重要钢罐、槽采用的焊接材料抽样复试报告等的代表数量、性能指标和签章情况。

（3）核查焊条、药芯焊丝、焊剂、熔嘴等在使用前焙烧记录的内容和签字情况。

（4）核查焊条、药芯焊丝、焊剂、熔嘴等与母材匹配情况。

（5）核查钢罐、槽焊接工程材料、构配件报验表的审查意见和签字情况。

（6）核查焊接接头的隐蔽工程验收记录的验收和签字情况。

（7）核查全焊透一、二级焊缝探伤记录的检验和签字情况。

（8）核查罐、槽制作焊接工程、焊钉（栓钉）焊接工程检验批质量验收记录的检验评定和签字情况。

（9）抽查钢罐、槽制作焊接工程检验批实体质量，并复核与检验批质量验收记录、隐蔽工程验收记录的相符情况。

（二）试验要求介绍

1. 重要钢罐、槽采用的焊接材料检验

（1）重要钢罐、槽采用的焊接材料应见证抽样复试。

（2）取样规定：按进场批次抽样检验。

2. 焊缝探伤检验

（1）全焊透一、二级焊缝应探伤检验。

（2）取样规定：全数检查。

二、紧固件连接工程

（1）螺栓分为3.6、4.6、4.8、5.6、5.8、6.8、8.8、10.9八种，每种的前一位数乘100为公称抗拉强度（MPa），后一位数乘10为屈强比的百分数；8.8S、10.9S为高强螺栓，其他为普通螺栓。

（2）普通螺栓在使用前应做最小拉力载荷复验，每一规格抽查8个；高强螺栓应做抗滑移系数试验和复验。

（3）高强螺栓的优点：强度高、承载力强。缺点是冲击韧性差，容易产生延迟裂纹，三要素为：淬硬组织、扩散氢和拉应力。高强螺栓已具备前两个要素，只剩拉应力，如果承受拉应力过高，就可能产生延迟裂纹，从而产生滞后脆断，这就是我国不使用$\sigma_b >$ 1000MPa螺栓原因，也就是常说的高强螺栓最怕超拧的理由。

（4）普通螺栓外露丝扣不应少于2扣（按10%抽查，且不少于3个）。

（5）高强螺栓外露2~3扣，其中允许有10%外露1或4扣（按节点数抽5%，且不少于10个）；摩擦面应干燥、整洁，不应有飞边、毛刺、焊接飞溅物、焊疤、氧化铁皮、污垢等，除设计要求外，摩擦面不应涂漆；不应采用气割扩孔，数量应征得设计同意，扩孔后的孔径不应超过1.2d；大六角头螺栓终拧1h后，48h内终拧扭矩检查（节点数10%，且不少于10个，每个节点10%，且不少于2个）；抗剪型螺栓未在终拧中拧掉梅花头的螺栓数不应大于该节点螺栓数的5%（节点数抽10%）。

（一）监督要点

（1）核查钢罐、槽连接用高强度六角头螺栓连接副、扭剪型高强度螺栓连接副、地脚螺栓等紧固标准件及螺母、垫圈等标准配件的质量合格证明文件；高强度螺栓连接摩擦面的抗滑移系数试验；

高强度六角头螺栓连接副、扭剪型高强度螺栓连接副出厂时的扭矩系数和紧固轴力（预拉力）的检验报告等。

（2）核查高强度六角头螺栓连接副扭矩系数复试报告；扭剪型高强度螺栓连接副紧固轴力（预拉力）的复验报告；普通螺栓作为永久性连接螺栓时，当设计有要求或对其质量有疑义时，螺栓实物最小拉力载荷复验报告；高强度螺栓连接摩擦面的抗滑移系数复验报告等的代表数量、性能指标和签章情况。

（3）核查紧固件连接工程材料、构配件报验表的审查意见和签字情况。

（4）核查紧固件连接工程、高强度螺栓连接工程检验批质量验收记录的检验评定和签字情况。

（5）抽查紧固件连接工程检验批实体质量，并复核与检验批质量验收记录的相符情况。

（二）试验要求介绍

（1）高强度六角头螺栓连接副扭矩系数复验。

取样规定：在进场螺栓批中随机抽取，每批应抽取 8 套连接副进行复验。

（2）扭剪型高强度螺栓连接副紧固轴力（预拉力）的复验报告。

取样规定：在进场螺栓批中随机抽取，每批应抽取 5 套连接副进行复验。

（3）普通螺栓作为永久性连接螺栓时，当设计有要求或对其质量有疑义时，螺栓实物最小拉力载荷复验报告。

取样规定：每一规格螺栓抽查 8 个。

（4）高强度螺栓连接摩擦面的抗滑移系数复验。

取样规定：可按工程量每 2000t 为一批，不足 2000t 的可视为一批，每批 3 组试件由制作厂进行试验，另备 3 组试件供安装单位在吊装前进行复验。

三、钢零件及钢部件加工工程

（一）下料要求

1. 壁板的要求

（1）各壁板的纵向焊缝宜向同一方向逐圈错开，其间距宜为板长的1/3，且不得小于500mm；

（2）底圈壁板的纵向焊缝与罐底边缘板对接焊缝之间的距离，不得小于200mm；

（3）罐壁开孔接管或开孔接管补强板外缘与罐壁纵向焊缝之间的距离，不得小于200mm；与环向焊缝之间的距离，不得小于100mm；

（4）包边角钢对接接头与壁板纵向焊缝之间的距离，不得小于200mm；

（5）直径小于12.5m的罐、槽，其壁板宽度不得小于500mm；长度不得小于1000mm。直径大于12.5m的罐、槽，其壁板宽度不得小于1000mm；长度不得小于2000mm。

2. 底板的要求

（1）罐底的排板直径，宜按设计直径放大0.1%～0.2%；

（2）边缘板沿罐底半径方向的最小尺寸，不得小于700mm；

（3）弓形边缘板的对接接头，宜采用不等间隙。外侧间隙宜为6～7mm；内侧间隙宜为8～12mm；

（4）中幅板的宽度不得小于1000mm；长度不得小于2000mm；

（5）底板任意相邻焊缝之间的距离，不得小于200mm。

（二）监督要点

（1）核查钢材、钢铸件出厂合格证明文件及出厂检验报告等。

（2）核查进口钢材，钢材混批，板厚等于或大于40mm、且设计有Z向性能要求的厚板，建筑结构安全等级为一级、大跨度钢结构中主要受力构件所采用的钢材，设计有复验要求的钢材，对质量有疑义的钢材的抽样复验报告等的代表数量、性能指标和签章情况。

（3）核查钢零件及钢部件加工工程材料、构配件报验表的审查意见和签字情况。

（4）核查钢零件及钢部件加工工程检验批质量验收记录的检验评定和签字情况。

（5）抽查钢零件及钢部件加工工程实体质量，并复核与检验批质量验收记录的相符情况。

（三）试验要求介绍

（1）进口钢材，钢材混批，板厚等于或大于40mm、且设计有Z向性能要求的厚板，建筑结构安全等级为一级、大跨度钢结构中主要受力构件所采用的钢材，设计有复验要求的钢材，对质量有疑义的钢材的检验。

（2）同一厂别、同一炉罐号、同一规格、同一交货状态每60t为一验收批，不足60t也按一批计。

（3）每一验收批取一组试件（拉伸、弯曲各一个）。

案例9　重要分部工程质量等级优良的评定举例

一、地基与基础工程

(1) 性能检测

1) 地基强度、压实系数、承载力；复合地基桩体强度或桩体干密度及承载力；桩基承载力等指标应一次达到设计要求及规范规定。

2) 桩身完整性一次检测90%及其以上达到Ⅰ类桩，其余达到Ⅱ类桩。

(2) 质量控制资料完整、数据齐全并能满足设计及规范要求，真实、有效，整理基本规范，审签手续基本完备。

(3) 地基与基础分部工程所含分项工程质量全部合格，其中有60%以上的分项工程（含主要分项工程）质量符合有关优良质量标准的规定。

(4) 观感质量得分率达到85%及其以上。

二、主体结构工程

(1) 性能检测

主体结构分混凝土结构、钢结构、砌体结构和木结构（目前已使用较少，本文不做叙述）。

1) 混凝土结构工程

① 结构实体混凝土强度

同条件养护试件检验结果应符合规范要求。

② 结构实体钢筋保护层厚度

对梁柱类构件纵向受力钢筋的保护层厚度允许偏差为+10mm，-7mm；对板类构件纵向受力钢筋的保护层厚度允许偏差为+8mm，-5mm，应一次检测合格率达到90%以上。

2) 钢结构工程

① 焊缝内部质量检测

设计要求全焊透的一级、二级焊缝应采用无损检测进行内部缺陷的检验，检验后的返修率应小于、等于5%。

② 高强度螺栓连接副紧固质量检测

高强度螺栓连接副终拧完成1h后，48h内应进行紧固质量检查，检测点好的点（扭矩法紧固的终拧扭矩偏差$\Delta T \leqslant 5\%$ T；转角法紧固终拧角度偏差$\Delta\theta \leqslant 5°$；扭剪型高强度螺栓施工扭矩尾部梅花头未拧掉比例$\Delta \leqslant 2\%$）应达到85%及以上，其余点达到合格点（扭矩法紧固的终拧扭矩偏差5% T < $\Delta T \leqslant 10\%$ T；转角法紧固终拧角度偏差$5° < \Delta\theta \leqslant 10°$；扭剪型高强度螺栓施工扭矩尾部梅花头未拧掉比例$2\% < \Delta \leqslant 5\%$）。

③ 钢结构涂装质量检测

钢结构涂装后，应对涂层厚度进行检测，检测点好的点（防腐涂料的干漆膜厚度允许偏差小于等于 -10μm）应达到85%及以上，其余达到合格点（防腐涂料的干漆膜厚度允许偏差大于 -10μm 小于等于 -25μm）。

3）砌体结构工程

① 砌体每层垂直度允许偏差各检测值均达到规范规定值（小于等于5mm），且平均值小于等于4mm。

② 全高垂直度允许偏差各检测值均达到规范规定值（层高小于等于10m时，小于等于10mm；层高大于10m时，小于等于20mm），层高小于等于10m时，其平均值应小于等于8mm；层高大于10m时，其平均值应小于等于16mm。

（2）质量控制资料完整、数据齐全并能满足设计规范要求，真实、有效，整理基本规范，审签手续基本完备。

（3）主体结构分部工程所含分项工程质量全部合格，其中有60%以上的分项工程（含主要分项工程）质量符合有关优良质量标准的规定。

（4）观感质量得分率达85%及以上。

案例10　中铝遵义80万吨氧化铝项目监督报告

有色金属工业建设工程质量监督总站监报字（2012）第×号

一、监督机构简介

有色金属工业建设工程质量监督总站是国务院国有资产监督管理委员会举办、经中央机构编制委员会办公室批准设立、委托中国有色金属工业协会管理的事业单位。按照国务院《建设工程质量管理条例》规定的专业职责分工，负责对全国的有色金属工业建设工程质量独立行使行政监督执法管理职能。有色遵义监督站是总站在中铝遵义80万吨氧化铝建设项目的派出机构，业务属总站直接领导，行使总站赋予的监督职能。按照相关规定配备了站长、副站长，先后有周××、赵××、刘××、陆×、黄××、易××、冯××等七名同志参加了监督工作。

二、工程建设概况

中铝遵义80万吨氧化铝建设项目通过了国家发展改革委《关于中国铝业遵义氧化铝有限公司80万吨氧化铝项目核准的批复》（发改工业［2007］2932号）。建设项目采用拜尔法工艺，规模为建设2条年产40万吨的管道化溶出氧化铝生产线，并配套建设年产170万吨/年的铝土矿山及其他辅助生产系统。主厂区面积约83公顷、赤泥和灰渣两个堆场占地面积约133公顷，总占地面积约216公顷；矿山分为仙人岩和后槽两个矿区。项目总投资42亿元人民币。

工程于2007年5月18日开工建设，2010年6月18日竣工。随后进行了负荷试车，于同年9月19日生产出了第一批氧化铝。

三、工程建设责任主体情况简介

工程由中铝国际工程股份有限公司总承包，中铝国际工程有限责任公司贵阳分公司和长沙分公司设计，中冶成都勘察总院有限公司、贵州建筑工程勘察院、贵州有色地质工程勘察公司和中国有色金属工业西安勘察设计研究院勘察，鑫诚建设监理咨询有限公司和贵阳新宇建设监理公司监理，施工单位涉及有色（十二冶、六冶、七冶、九冶、二十三冶、十一冶、十四冶、长铝建、贵铝建）和地方建设（广西区一安、贵州省冶建、贵州化工、贵州省四建、六建、七建、贵州广灏、遵义建安、遵义华丰）等共18家企业。

四、工程质量监督范围

（1）80万吨/年的管道化溶出氧化铝生产线；
（2）170万吨/年的铝土矿山；
（3）其他辅助生产系统。

五、工程质量监督工作情况

1. 工程质量监督依据

质量监督及质量评价依据有：《中华人民共和国建筑法》、《建设工程质量管理条例》、《中国有色金属工业建设工程质量监督管理规定》、《房屋建筑和市政基础设施工程质量监督管理规定》、《建筑工程施工质量验收统一标准》、《工业安装工程施工质量验收统一标准》、《有色金属工业建筑工程质量检验评定统一标准》、《有色金属工业安装工程质量检验评定统一标准》、《有色金属工业通用设备安装工程质量检验评定标准》、《轻金属冶炼设备安装工程质量检验评定标准》。

2. 工程质量监督的主要工作

（1）严格实行建设工程质量监督注册登记制度；

（2）按单位工程制定了监督计划，指定了监督工程师；

（3）认真执行监督计划，基础、主体结构、关键工序保证到场监督；

（4）举办了质量检查员和资料员的培训班，为施工单位办理了52个上岗证；

（5）参加并监督了由建设单位组织的单位工程验收，核验了单位工程的质量等级。

3. 工程质量监督的方式

以巡查和抽查的方式。总站在施工期间还组织了4次质量和安全的大检查。

六、对责任主体和有关机构质量行为的检查情况

(1) 建设单位按国家有关规定在工程项目上委托了工程监理，成立了工程项目管理部，协助总承包单位共同搞好工程项目管理，在工程投资、进度、质量安全的控制上起到了不可替代的作用。

(2) 总承包单位依法进行工程发包、招标，对进场的机械设备和大宗原材料进行了筛选和把关，但对工程资料的形成整理督促方面有所疏忽，使得应与工程同步的资料严重滞后。

(3) 承担设计的中铝国际工程股份有限公司贵阳分公司是具有资质的甲级设计单位。

(4) 承担勘察的四家勘察设计研究院都是具有甲级资质的勘察单位，在现场服务上，中冶成都勘察总院有限公司做得较好，能积极配合相关单位解决地质结构等有关问题；西安勘察设计研究院较差，在赤泥堆场的工地上影响了工程进度。

(5) 负责氧化铝主流程及矿山监理工作的鑫诚建设监理咨询有限公司和承担辅助动力系统监理工作的贵阳新宇建设监理公司都是具有冶炼工程甲级资质的监理单位，都能依据各自的监理大纲编制监理规划和实施细则，在人员的数量和专业上尚能满足工程监理的需要，但人员的业务素质上有所欠缺，个别监理人员责任心不够、检查不到位；在检验批、分项、分部工程的验收上都存在不及时、不完备的现象；在控制资料的审核把关上，贵阳新宇建设监理公司弱于鑫诚监理公司。

(6) 承担主流程施工任务的十二冶、九冶、七冶、二十三冶、六冶、广西区一安、长铝建和承担矿山辅助工程的十一冶、十四冶等九家施工单位都具有相应等级的资质证书（长铝建补办了压力容器施工的增项资质），建立了质量责任制，尤其是广西区一安、七冶、十二冶质量保证体系较为健全，其项目经理也能做到持证上岗，施工中该体系运转正常，从而使工程质量得到了保证；九冶、六冶、二十三冶次之；长铝建在质量管理上较弱。其余承担附属施工任务

的九家施工单位也具有相应等级的资质证书，在质量管理上，省级的好于市级的，较差的是贵铝建和遵义华丰，曾一度出现质量失控的局面。

（7）承担材料检测的甘肃土木工程科学研究院是具有检测资质的检测机构，在现场派驻人员成立了遵义检测站，满足了进场原材料的检测。

（8）集中搅拌站是由中铝国际遵义工程总承包项目部委托十二冶设置的，该站制度不健全，管理人员不尽心，曾数度出现混凝土强度不达标的情况，影响了现场混凝土的施工质量。

七、工程实体质量监督抽查情况

工程的地基基础、主体结构和主要安装工程的质量是有保证的。总体上，主流程工程质量好于辅助工程质量，安装工程质量好于土建工程质量。

八、工程质量问题的整改和质量事故处理情况

2009 年 11 月 1 日至 11 月 7 日由集中搅拌站生产的混凝土有 34 组试块强度达不到设计标号，不合格混凝土涉及七家施工单位（六冶、九冶、十二冶、二十三冶、长铝建、贵铝建、广西一安）的 34 个混凝土分项工程。后经回弹和抽芯检查，有 4 项达到设计标号要求，有 24 项虽达不到设计标号，但经设计复核计算仍能满足结构安全和使用功能，有 6 项（赤泥压滤的梁、熔盐加热的设备基础、种子过滤的设备基础、赤泥沉降的围堰、热电脱硫除尘系统引风机柱、热电区域管网支架的基础）经设计出方案进行了加固补强。

赤泥沉降分离及洗涤中的 101 号、107 号沉降槽的锥体部分，在施焊中出现大面积焊接未熔合、未焊透、有裂纹、有超标条状缺陷等质量问题，其原因是施工单位误将槽锥体按槽底板质量标准进行下料、焊接等，后经设计出方案进行加固处理。

氧化铝仓的漏斗焊接质量差，且外形尺寸不好，后返工重做。

九冶施工的分解槽底阀门焊接出现质量问题，后经返工处理。

在预制防洪沟的沟盖板时，施工单位待有关方检查完钢筋后又

背地抽减钢筋，后报废该批预制件，并更换施工队伍。

全厂管道保温外观质量较差。

厂区道路施工粗糙，影响了厂容厂貌。

九、单位工程竣工验收情况

依据设计提供的图号清单，主厂区共分93个子项计125个单位工程，经质量等级核定，125个单位工程中优良94项，优良率75.2%；矿山共分32个子项计38个单位工程，其中优良31项，优良率81.6%（具体见附表略）。

有色遵义监督站

2012年4月23日

附录4　附注

附注1　监督注册的依据

依据《中华人民共和国建筑法》第七条“按照国务院规定的权限和程序批准开工报告的建筑工程，不再领取施工许可证”。有色金属工业建设的新建、改建和扩建的工程项目一般都是由国务院有关部门核准（批准）的工业建设项目，是不同于房屋建筑的专业建筑工程的。在建设工程质量监督注册（登记）的方式上和一般的建筑工程不同。凡由国务院有关部门或地方政府批准的大型工业建设项目，在工程项目开工之前，建设单位应依法到有关工程质量监督站办理质量监督注册登记手续。

附注2　建筑工程施工图审查制度

建筑工程施工图设计文件审查制度的建立和实施是许多发达国家确保工程建设质量的成功做法，不少国家都有完善的设计审查制度。我国于1998年开始了建筑工程项目施工图设计文件审查试点工作，通过审查在节约投资、发现设计质量隐患和市场违法违规行为等方面都有明显的成效。按照《建筑施工图设计文件审查办法》的规定，建筑工程的建设单位应当将施工图报送建设主管部门，由建设行政主管部门委托有关审查机构审查。审查的主要内容为：(1) 建筑物的稳定性、安全性审查，包括地基基础和主体结构体系是否安全、可靠；(2) 是否符合消防、节能、环保、抗震、卫生、人防等有关强制性标准规范；(3) 施工图是否达到规定的设计深度要求；(4) 是否损害公众利益。凡应当审查而未经审查或者审查不合格的施工图项目，建设行政主管部门不得发放施工许可证，施工图不得交付施工。

施工图设计文件审查制度一般应用于房屋建筑和市政工程，工业建设工程目前基本没有进行施工图设计文件审查。

附注3 建筑施工许可制度

施工许可制度是指建设行政主管部门依法对建设工程是否具备施工条件进行审查，符合条件的准许其开始施工的一项制度。制定这一制度的目的是通过对建设工程施工所应具备的基本条件的审查，避免不具备条件的工程盲目开工，给相关当事人造成损失和社会财富的浪费，保证工程开工后的顺利建设。根据中华人民共和国住房和城乡建设部令第18号《建筑工程施工许可管理办法》规定，在中华人民共和国境内从事各类房屋建筑及其附属设施的建造、装修装饰和与其配套的线路、管道、设备的安装，以及城镇市政基础设施工程的施工，建设单位在开工前应当依照本办法的规定，向工程所在地的县级以上地方人民政府住房城乡建设主管部门（以下简称发证机关）申请领取施工许可证。

依据《中华人民共和国建筑法》第七条“按照国务院规定的权限和程序批准开工报告的建筑工程，不再领取施工许可证”。目前，工业建设项目很少申领建筑工程施工许可证。

附注4 图纸会审和技术交底

建设（监理）单位在接到设计通过内部审、校和会签会审的图纸后，应及时组织图纸会审，邀请用户、设计、施工等单位的相关专业人员参加，必要时可以聘请专家参加。如果属于一般常规设计，主要设计、施工等单位相关专业人员参加即可，这时实际上就是设计技术交底会。会议首先由设计单位分专业将设计意图、特殊的工艺要求以及建筑、结构、设备等各专业在施工中的难点、疑点和容易发生的问题向施工单位作一说明，再由施工单位和用户代表对在会前发现的设计问题或疑问进行咨询，后由设计单位进行解释及专家发表意见。图纸会审或设计交底所形成的结论意见或设计修改意见必须填写会议纪要。纪要由建设单位填写，参加会议的有关单位负责人及专业技术人员在会议纪要上进行签署。

附注 5　单项工程验收

有时为了及早发挥项目的效益，也可对工程进行单项验收，即在一个总体建设项目中，一个单项工程或一个车间已按设计要求建设完成，能满足生产要求或具备使用条件，施工单位已自检，项目监理机构已预验通过。在此条件下建设单位可以组织进行单项验收。由几个施工单位负责施工的单项工程，当其中一个单位所负责的部分已按设计完成，也可以组织正式验收，办理交工手续。在整个项目进行全部验收时，对已验收过的单项工程，可以不再进行验收和办理验收手续，但应将单项工程验收单作为全部工程验收的附件而加以说明。

无论是单项工程提前交付使用，还是全部工程整体交付使用，都必须经过竣工验收这一环节，并且还必须全部合格，否则，没有经过竣工验收或者经过竣工验收确定为不合格的建设工程，不得交付使用。如果建设单位为提前获得投资效益，在工程未经验收即提前投产使用是违法的，由此所发生的质量问题，建设单位要承担责任。

附注 6　建设工程档案的作用

建设工程是百年大计，一般的建筑物设计年限都在 50～70 年之间，重要的建筑物达 100 年。在建筑物使用期间，会遇到建筑物的改建、扩建或拆除活动，以及在其周边进行建设活动，尤其是工业项目，为了提高产能，会对流程的瓶颈部位进行频繁的技术改造，评估对该建筑物可能的不利影响，评估技术改造项目的可行性等，都要参考原始的勘察、设计、施工资料，因此，所有的建筑活动都应建立完整的建设项目档案。建设单位作为建设工程的投资人和业主，是建设全过程的总负责方，应在合同中明确要求勘察单位、设计单位、施工单位分别提供有关勘察、设计、施工的档案资料，如勘察报告、设计图纸和计算书、竣工图等，及时收集整理，在工程竣工后及时向有关部门移交建设项目档案。

附注7　工程勘察

工程勘察就是通过测量、测绘、观察、调查、钻探、试验、测试、分析资料和综合评价等工作查明场地的地形、地貌、地质、岩性、地质构造、地下水条件和各种自然或人工地质现象，包括提出基础、边坡等工程的设计准则和工程施工的指导意见，并提出解决岩土工程问题的建议，进行必要的岩土工程治理。

附注8　设计单位参与质量事故（问题）调查的作用

建设工程的功能、所要求达到的质量在设计阶段就已确定，可以说工程的好坏在一定程度上就是工程是否准确表达了设计的意图，因此在工程出现事故时，该工程的设计单位对事故的分析具有权威性。另外，设计是技术性很强的工作，设计文件的文字量尤其是图纸量比较大，工程的设计单位最具有可能在短时间内发现存在的问题，这对及时进行事故的处理是有利的，尽可能将事故损失减少。

附注9　施工单位资质的审查和主要专业工种操作上岗资格的要求

施工单位有符合国家规定的注册资本；有与其从事的建筑活动相适应的、具有法定执业资格的专业技术人员；有从事相关建筑活动所应有的技术装备；法律、行政法规规定的其他条件。并按上述条件和已完成的建筑工程业绩等，划分为不同的资质等级，经资质审查合格，取得相应等级的资质证书后，才可在其资质等级许可的范围内从事建筑活动。所以说，施工单位的资质等级，是施工单位业绩、人员素质、管理水平、资金数量、技术装备等综合能力的体现。

主要专业工种，是指测量工、起重、塔吊垂直运输司机，钢筋、混凝土、机械、焊接、瓦工、防水工等建筑结构工种应持证上岗。电工、管道等安装工种的上岗证，以当地建设行政主管部门的规定为准。

附注10 总承包单位与分包单位的责任划分

总承包单位将工程分包给其他分包单位时，应当同分包单位签订《工程分包合同》，根据分包合同的约定，分包单位（包括建设单位指定的分包单位）对总承包单位承担责任。对于实行工程施工总承包的由总承包单位负全面质量及经济责任，这种责任的承担不论是由总承包单位造成的还是由分包单位造成的；对于分包工程的责任承担，由总承包单位和分包单位承担连带责任。对于分包工程发生的质量问题以及违约责任，建设单位或其他受害人既可以向分包单位请求赔偿全部损失，也可以向总承包单位请求赔偿全部损失。总承包单位进行赔偿后，有权根据工程分包合同约定，对于不属于自己责任的那部分赔偿向分包方追偿。

附注11 施工单位接到监督机构下发的《停工通知书》、《质量问题通知书》时处理程序和要求

施工单位在接到通知书后，应立即停止施工活动，并根据通知书中限定时间对所提出的质量问题制定出整改措施（重大方案需设计审查的须经设计单位认可），整改结束后提出书面处理结果。由建设单位、监理单位、施工单位分别在处理或整改报告上签字和加盖公章后报送质量监督站备查。质量监督站接到上述报告后，应对已处理的质量问题进行详细地检查，符合标准规定时，发出《复工通知书》，并发施工单位、建设或监理单位各一份。

附注12 项目监理机构对原材料、构配件、设备投入使用或安装前进行审查控制的方法

（1）审核原材料、构配件及设备的出厂合格证或质量保证书；

（2）对原材料、构配件及设备在使用前需进行抽检或复试，其试验的范围，按有关规定、标准的要求确定；

（3）凡采用新材料、新型制品，应检查技术鉴定文件；

（4）对重要的原材料、构配件及设备的生产工艺、质量控制、检测手段进行检查；

（5）所有设备，在安装前应按相应技术说明书的要求进行检查，必要时还应由法定检测部门检测。

附注13 见证人的职责

（1）见证人在现场见证取样后填写见证取样记录单，应对所取试样在送检之前和送检过程中实行有效的监护。

（2）见证人见证取样后应立即亲自封样，在必要的情况下见证人应亲自送样至检测单位，一般情况下可以采用见证人封锁样品，由施工单位的取（送）样人送至检测单位的方法，但必须办理交接手续。

（3）见证人应在检验委托书上签字，并出示见证员上岗证书。

（4）实行见证取样和送样制度后，见证人对自己见证的样品的代表性、真实性负有法律责任。

（5）见证人对所见证取样的试样及该试样的检测项目应建立档案，并分类建立台账，统一编号，并将见证台账归入施工技术档案。台账的主要内容应有：项目名称、进场数量、取样数量、取样时间、代表批量、使用部位以及对不合格样品的处理等项目。

附注14 工程质量检测机构

指为建筑工程提供检测服务并具有相应资质的社会中介机构，其工作是为建设工程的结构安全和使用功能保驾护航，其出具的检测报告是鉴定原材料、构配件、工程实体质量的依据。

附注15 工程质量检测机构应建立健全的各项管理制度

（1）工作管理制度（检测工作、程序管理制度；标准、规范、技术资料管理制度；试验样品管理制度；委托试验及报告签发制度；

检测工作保密制度；检测试验工作安全制度）。

（2）仪器设备与试剂管理制度（采购及验收制度；保管、维护与使用维修制度；检定校准及标志管理制度；档案管理制度；报废处理制度；化学试剂管理制度）。

（3）人员管理制度（技术人员聘用及档案管理制度；各类人员岗位职责；试验检测人员培训制度）。

（4）试验环境条件管理制度（标准养护室管理制度；试验环境条件管理制度；质量文件制定、颁发、修改与执行情况监督检查制度；试验室内部质量监督控制措施；试验环境条件控制与保障制度；各项试验操作规程）。

附注 16　地基与基础分部工程验收组织形式、程序以及质量控制资料核查

1　组织形式

地基与基础工程验收应由总监理工程师（建设单位项目负责人）组织施工单位项目负责人和技术、质量负责人等进行验收；地基与基础分部工程的勘察、设计单位工程项目负责人和施工单位技术、质量部门负责人也应参加。

2　验收程序

2.1　监理单位（建设单位）应在验收前 3 个工作日将验收时间、地点及参加验收人员名单书面通知监督机构。

2.2　总监理工程师（建设单位项目负责人）介绍参加验收人员的资格情况，同时介绍基础分部工程概况和工程资料审查意见。

2.3　监理（建设）、施工单位分别汇报基础建设过程中执行法律、法规以及工程建设强制性标准的情况。施工单位汇报内容中应包括监督机构责令整改问题的完成情况。

2.4　验收人员应审查监理（建设）、施工单位的工程资料，实地查验工程实体质量并进行抽测。

2.5　对验收过程中发现和提出的有关问题，相关单位应予解答。

2.6 验收人员应对基础分部工程的施工质量和各个管理环节的质量行为作出评价，并分别阐明各自的验收意见。当验收意见一致时，验收人员应在分部工程质量验收记录上签字。

2.7 当参建各方对工程质量验收意见一致时，监督机构应提出明确的监督验收意见。

2.8 当参建各方对工程质量验收意见不一致时，应当协商提出解决的办法。待意见一致后，继续组织验收，如发现有违反工程建设质量管理规定行为和强制性条文的，应责令整改或要求整改后重新验收，并做好监督验收记录。

3 质量控制资料

3.1 地基和基础工程的质量控制资料

3.1.1 施工图纸和设计变更记录；

3.1.2 原材料、半成品质量合格证和进场检验记录；

3.1.3 砂浆混凝土配合比报告单；

3.1.4 砂浆混凝土强度试验报告；

3.1.5 隐蔽工程验收记录；

3.1.6 桩的检测记录；

3.1.7 各种检测试验钎探记录；

3.1.8 见证取样试验记录；

3.1.9 施工记录；

3.1.10 各检验批质量验收记录；

3.1.11 其他必须提供的文件或记录。

3.2 地下防水工程

3.2.1 施工图纸和设计变更记录；

3.2.2 材料出厂合格证和进场复验报告；

3.2.3 材料代用核定记录；

3.2.4 施工方案（施工方法、技术措施、质量标准措施）；

3.2.5 中间检查记录；

3.2.6 隐蔽工程验收记录；

3.2.7 砂浆混凝土配合比报告单；

3.2.8 砂浆混凝土强度试验报告；
3.2.9 抗渗试验报告；
3.2.10 施工记录；
3.2.11 各检验批质量验收记录；
3.2.12 其他必须提供的文件或记录。

附注17 主体分部及主要安装分部工程验收组织形式和程序

1 组织形式

主体结构及主要安装分部工程验收应由总监理工程师（建设单位项目负责人）组织施工单位项目负责人和技术、质量负责人等进行验收；主体结构分部工程的设计单位工程项目负责人和施工单位技术、质量部门负责人也应参加。

2 验收程序

2.1 监理单位（建设单位）应在验收前3个工作日将验收时间、地点及参加验收人员名单书面通知监督机构。

2.2 总监理工程师（建设单位项目负责人）介绍参加验收人员的资格情况，同时介绍分部工程概况和工程资料审查意见。

2.3 监理（建设）、施工单位分别汇报建设过程中执行法律、法规以及工程建设强制性标准的情况。施工单位汇报内容中应包括监督机构责令整改问题的完成情况。

2.4 验收人员应审查监理（建设）、施工单位的工程资料，实地查验工程实体质量并进行抽测。

2.5 对验收过程中发现的和监督机构提出的有关问题，相关单位应予解答。

2.6 验收人员应对分部工程的施工质量和各个管理环节的质量行为作出评价，并分别阐明各自的验收意见。当验收意见一致时，验收人员应在分部工程质量验收记录上签字。

2.7 当参建各方对工程质量验收意见一致时，监督机构应提出明确的监督验收意见。

2.8 当参建各方对工程质量验收意见不一致时，应当协商提出解决的办法。待意见一致后，继续组织验收。如发现有违反工程建设质量管理规定行为和强制性条文的，应责令整改或要求整改后重新验收，并做好监督验收记录。

附注18 主体及其他分部工程验收质量控制资料

1 主体结构混凝土子分部工程

1.1 施工图纸和设计变更记录；
1.2 原材料半成品质量合格证和进场检验记录；
1.3 钢筋接头的试验报告；
1.4 混凝土工程施工记录；
1.5 混凝土试件的性能试验报告；
1.6 装配式结构预制构件的合格证和安装验收记录；
1.7 预应力筋用锚具、连接器的合格证和进场复验报告；
1.8 预应力筋安装、张拉及灌注记录；
1.9 隐蔽工程验收记录；
1.10 各检验批验收记录；
1.11 混凝土结构实体检验记录；
1.12 工程重大质量问题的处理方案和验收记录；
1.13 其他必须提供的文件或记录。

2 主体结构砌体子分部工程

2.1 施工执行的技术标准、施工组织设计、施工方案；
2.2 砌块及原材料质量合格证和进场检验记录；
2.3 砂浆及混凝土配合比报告单；
2.4 砂浆及混凝土试件抗压强度试验报告；
2.5 各检验批验收记录；
2.6 施工记录；

2.7 重大技术问题处理或修改设计的技术文件；

2.8 其他资料。

3 主体结构钢结构子分部工程

3.1 原材料、产品质量合格证明文件、中文标志及检验报告（厂家提供）；

3.2 原材料、产品进场检验规格、尺寸、表面外观质量检查记录，复试报告（根据规范要求）；

3.3 焊接材料产品说明书、焊接工艺文件及烘焙记录；

3.4 焊工合格证书及施焊范围；

3.5 焊缝超声波探伤或射线探伤检测报告、记录；

3.6 连接节点检查记录；

3.7 各检验批验收记录；允许偏差检查的主控项目，其偏差值应在规范的范围内，存在不合格的应返工；检查的一般项目，其偏差值应有80%以上的检查点在规范规定的范围内，20%以下的偏差值不应大于1.2倍的偏差限值，否则判为不合格，应返工处理；

3.8 钢结构工程施工方案和技术交底；

3.9 隐蔽工程检验项目检查验收记录；

3.10 有关安全及所有功能的检验和见证检测项目检查记录；

3.11 不合格项的处理记录及验收记录；重大质量、技术问题实施方案及验收记录；

3.12 钢结构工程竣工图纸及相关设计文件；

3.13 其他有关文件和记录。

4 装饰装修分部工程质量控制资料

4.1 装饰装修子分部

4.1.1 施工图纸和设计变更记录；

4.1.2 材料、半成品五金配件、构件和组件合格证、性能测试报告、进场复验报告；

4.1.3 隐蔽工程验收记录；

4.1.4 施工记录；

4.1.5 各检验批质量验收记录；

4.1.6 其他必须提供的文件或记录；
4.1.7 特种门及其附件的生产许可文件；
4.1.8 后置埋件的现场拉拔检测报告；
4.1.9 外墙饰面砖墙板件的粘结强度检测报告；
4.1.10 设计单位对幕墙工程设计的确认文件；
4.1.11 各种粘结胶的性能试验报告；
4.1.12 幕墙的抗风性能、空气渗透性能、雨水渗透性能及平面变性能检测报告；
4.1.13 打胶、养护环境温度、湿度记录；
4.1.14 幕墙防雷装置测试记录；
4.1.15 饰面材料的墙板及确认文件。

4.2 建筑地面子分部工程

4.2.1 设计变更文件；
4.2.2 原材料出厂合格证和进场检验（试验）报告；
4.2.3 砂浆、混凝土配合比试验报告；
4.2.4 各层强度等级及密实度试验报告；
4.2.5 各类建筑地面施工质量控制文件；
4.2.6 楼梯、踏步项目检查记录；
4.2.7 各构造层隐蔽验收记录；
4.2.8 各检验批验收记录；
4.2.9 其他必要的文件和记录。

5 屋面分部工程的质量控制资料

5.1 施工图纸和设计变更记录；
5.2 原材料半成品质量合格证和进场检验记录；
5.3 施工方案及技术交底记录；
5.4 隐蔽工程验收记录；
5.5 施工检验记录；
5.6 淋水或蓄水检验记录；
5.7 各检验批质量验收记录；
5.8 其他必须提供的文件或记录。

6 管道安装分部工程的质量控制资料

6.1 建筑给排水与采暖

6.1.1 图纸会审记录、设计变更及洽商记录；

6.1.2 施工组织设计或施工方案；

6.1.3 主要材料、成品、半成品、配件、器具和设备出厂合格证及进场检验（试验）报告；

6.1.4 隐蔽工程检查验收及中间试验记录；

6.1.5 设备试运转记录；

6.1.6 安全、卫生和使用功能检验和检测记录；

6.1.7 各检验批、分项、子分部工程质量验收记录；

6.1.8 竣工图；

6.1.9 其他必须提供的文件或记录。

6.2 管道安装工程

6.2.1 进入现场的管材、管件、焊材、阀门合格证、质量证明书；

6.2.2 阀的检查、阀门解体及安全阀调试记录；

6.2.3 焊工合格证、焊接工艺评定、焊接工作记录；

6.2.4 焊缝无损探伤报告和热处理记录（要求100%射线探伤检验的管道，应在单线图上准确标明焊缝位置、焊缝编号、焊工代号、无损检验方法、焊缝补焊位置、热处理焊口编号。对抽样射线探伤检验的管道，其焊缝位置、焊缝编号、焊工代号、无损检验方法、焊缝补焊位置、热处理焊口编号等应有可溯性记录）；

6.2.5 附有示意图的隐蔽工程验收记录；

6.2.6 管道系统静电接地电阻值测试记录、系统试验、吹洗、脱脂、酸洗、钝化记录；

6.2.7 各检验批、分项、子分部工程质量验收记录；

6.2.8 竣工图；

6.2.9 其他必须提供的文件或记录。

7 电气装置安装工程质量控制资料

7.1 电气工程施工图设计文件和图纸会审记录、设计变更及洽商记录；

7.2　主要材料、器具和设备出厂合格证及进场检验（试验）报告；

7.3　隐蔽工程检查验收记录；

7.4　电气设备交接试验记录；

7.5　空载试运行和负荷试运行记录；

7.6　接地电阻、绝缘电阻测试记录；

7.7　建筑照明通电试运行记录；

7.8　工序交接合格等施工安装记录；

7.9　各检验批、分项、子分部工程质量验收记录；

7.10　竣工图；

7.11　其他必须提供的文件或记录。

8　通风与空调工程的质量控制资料

8.1　图纸会审记录、设计变更及洽商记录；

8.2　主要材料、成品、半成品、配件、器具和设备出厂合格证及进场检验（试验）报告；

8.3　隐蔽工程检查验收记录；

8.4　工程设备、风管系统、管道系统安装及验收记录；

8.5　管道试验记录；

8.6　设备单机试运转记录；

8.7　系统无生产负荷联合试运转与调试记录；

8.8　各检验批、分项、子分部工程质量验收记录；

8.9　其他必须提供的文件或记录。

9　智能建筑分部工程的控制资料

9.1　竣工图纸；

9.2　设计变更记录和工程洽商记录；

9.3　设备材料进场检验记录和设备开箱检验记录；

9.4　分项工程质量验收记录；

9.5　试运行记录；

9.6　系统测试记录；

9.7 培训记录和培训资料。

10 建筑节能分部工程的控制资料

10.1 设计文件、图纸会审记录、设计变更和洽商；
10.2 主要材料、设备和构件的质量证明文件、进场检验记录；进场核查记录、进场复验报告、见证试验报告；
10.3 隐蔽工程验收记录和相关图像资料；
10.4 分项工程质量验收记录，必要时应核查检验批验收记录；
10.5 建筑维护结构节能构造现场实体检验记录；
10.6 严寒、寒冷和夏热冬冷地区外窗气密性现场检测报告；
10.7 风管及系统严密性检验记录；
10.8 现场组装的组合式空调机组的漏风量测试记录；
10.9 设备单机试运转及调试记录；
10.10 系统联合试运转及调试记录；
10.11 系统节能性能检验报告；
10.12 其他对工程质量有影响的重要技术资料。

11 电梯工程质量控制资料

11.1 安装工艺及企业标准；
11.2 设备进场验收记录；
11.3 与建筑结构交接验收记录；
11.4 隐蔽工程验收记录；
11.5 安全保护验收记录；
11.6 限速器安全联动试验记录；
11.7 层门与轿门试验记录；
11.8 空载、超载125%试运行记录。

12 工业设备安装工程质量控制资料

12.1 图纸会审记录、设计变更及洽商记录；
12.2 设备出厂合格证及进场检验（试验）报告；
12.3 与建筑结构、基础交接验收记录（含沉降观测成果、平面位移、沉降变化曲线)；

12.4　隐蔽工程检查验收记录；

12.5　工程设备、动力液压系统、冷却润滑系统等安装及验收记录；

12.6　设备单机试运转记录；

12.7　非标设备组装记录；

12.8　管道系统酸洗、冲洗、封闭记录；

12.9　管道强度或严密性试验记录；

12.10　高强螺栓出厂合格证及复验报告；

12.11　系统无生产负荷联合试运转与调试记录；

12.12　各检验批、分项、子分部工程质量验收记录；

12.13　其他必须提供的文件或记录。

13　工业炉砌筑工程质量控制资料

13.1　耐火材料和制品的质量证明书或试验报告；

13.2　隔火材料和制品的质量证明书或试验报告；

13.3　建筑材料和制品的质量证明书或试验报告；

13.4　不定形耐火材料质量证明书或检验报告即试块检验报告；

13.5　耐火泥浆和不定形耐火材料的现场配制记录；

13.6　炉子基础、炉体骨架结构和有关设备安装的工序交接证明书；

13.7　筑炉隐蔽工程记录；

13.8　冬期施工的测温记录；

13.9　炉子主要部位的测量记录。

14　自动化仪表安装工程质量控制资料

14.1　工程合同技术文件；

14.2　设计更改审核；

14.3　工程实施及质量控制检验报告及记录；

14.4　系统检测报告及记录；

14.5　系统的技术、操作和维护手册；

14.6　竣工图及竣工文件。

15 工业设备及管道防腐工程质量控制资料

15.1 主要防腐材料的验收记录及进行防腐工程施工前对设备、衬里、管件安装的检查验收记录；
15.2 进入现场的设备、主要材料及配件的产品合格证、质量保证书及推荐产品符合设计要求或地方有关规定；
15.3 防腐工程施工前各种隐蔽工程验收记录；
15.4 返修记录（应包括返修位置、原因、方法、数量等）。

16 工业设备及管道绝热工程质量控制资料

16.1 绝热材料（制品）出厂合格证、试（检）验报告；
16.2 绝热材料粘接剂、耐磨剂、密封剂出厂合格证、试（检）验报告；
16.3 绝热材料耐燃性能证明；
16.4 绑扎用非金属材料出厂合格证；
16.5 绝热层厚度检查记录；
16.6 防水材料出厂合格证、试（检）验报告；
16.7 防水材料耐燃性能证明；
16.8 非金属外护材料出厂合格证、试（检）验报告；
16.9 非金属外护材料阻燃性能证明；
16.10 金属外护材料出厂合格证。

17 矿山井巷工程质量控制资料

17.1 通用部分
17.1.1 图纸会审、设计变更、洽商记录；
17.1.2 原材料出厂合格证书及进场检验（试验）报告；
17.1.3 隐蔽工程检查及分项分部工程验收评定记录；
17.2 井巷工程质量控制资料
17.2.1 砂浆、混凝土试验及施工配合比通知单；
17.2.2 砂浆、混凝土试块检验检测报告；
17.2.3 砂浆、混凝土试块强度统计表；

17.2.4　定型锚杆、锚索、定型支架出厂合格证；

17.2.5　锚杆、锚索抗拉拔试验检测记录，柔性支架承载试验及检测记录；

17.2.6　施工组织设计、施工技术措施、井下大硐室高天井专项施工方案；

17.2.7　钻孔质量检查记录；

17.2.8　巷道地质剖面素描图、地质柱状图，承担采矿工程的采切或采场矿层产状图，探矿工程还需提供地质探矿报告（钻孔、坑探控制，地质预测，矿量计算及综合分析等）；

17.2.9　隐蔽工程检查及分项分部工程验收评定记录；

17.2.10　永久支护巷道净断面的实测记录及实测图；

17.2.11　工程质量返修、加固、工程质量遗留问题处理及验收情况记录；

17.2.12　工程质量事故报告及事故处理记录；

17.2.13　竣工图（按合同要求提交对应比例的实测实绘剖面图、平面竣工图［井巷掘进工程的施工图不能替代竣工图］）。

17.3　井巷注浆堵水工程质量控制资料

17.3.1　井巷水文地质报告；

17.3.2　预注浆的试验记录、报告；

17.3.3　注浆堵水专项施工方案；

17.3.4　注浆用凝固剂、添加剂合格证；

17.3.5　注浆孔、注浆管、注浆压力仪表、注浆容器、搅拌站等设施检查记录；

17.3.6　注浆记录；

17.3.7　巷道、井筒漏水实测及注浆验收记录。

17.4　井巷装备工程质量控制资料

17.4.1　主要材料、设备出厂合格证、进场开箱验收记录；

17.4.2　焊接材料、构件及现场制作构件出厂合格证、检测检验报告（设备配件、高强扣件、高强螺栓、出厂结构件、现场制作结构件等）；

17.4.3　中间验收及交接记录；

17.4.4 井筒装备及设备安装前的测量放线记录；

17.4.5 焊接质量的检测试验记录或一、二级焊缝探伤报告；

17.4.6 主要设备安装记录（吹扫、清洗、组装、定位、润滑、接地、保护等）；

17.4.7 构配件安装质量及高强连接件检查记录；

17.4.8 隐蔽工程检查及验收记录（孔洞灌注及二次浇灌记录及验收记录）；

17.4.9 井筒装备就位、定位或工程质量检查记录；

17.4.10 单机调试记录；

17.4.11 试运转记录；

17.4.12 分项分部工程验收评定记录。

18 矿山尾矿库工程质量控制资料

18.1 清基、验槽记录；

18.2 土石坝堆坝碾压试验报告；

18.3 土石坝基础、基础防排渗、排渗沟管、碾压、返滤层施工及排水管道止水排洪隧洞等重要施工工序中间验收记录；

18.4 堆石坝透水性、密实度及内摩擦角等相关检测、检验报告；

18.5 主要构筑物、排水管道沉降、位移观测记录。

附注19 工程竣工时勘察单位的质量检查报告内容

工程勘察工作是建设工程的基础工作。工程勘察成果文件是设计和施工的基础资料和重要依据。勘察单位必须按照工程建设强制性标准进行勘察，并对其勘察的质量负责。勘察单位应对基槽岩土与《岩土工程勘察报告》是否相符进行确认；对验槽采用的手段及相关数据进行评价；对地基处理的有关数据进行评价；对地基持力层选择与《岩土工程勘察报告》是否相符进行确认；对勘察单位签署的与地质勘察有关的工程建设全过程文件予以认可，并在此基础上提出质量检查报告。

附注 20　工程竣工时设计单位的质量检查报告内容

设计单位应根据勘察成果文件进行建筑工程设计。设计文件应当符合国家规定的设计深度要求，注明工程使用年限。设计单位必须按照工程建设强制性标准进行设计，并对其设计的质量负责。设计单位应从建筑、结构及抗震设防、防火、设备、管道、电气、仪表、筑炉、防腐、绝热等方面评价设计图纸是否符合设计规范及国家强制性标准要求，说明工程建设过程中的图纸会审记录、设计变更文件是否通过了施工图审查单位的审查；说明是否出现因设计原因造成了工程质量问题及处理结果。并在此基础上提出质量检查报告。

附注 21　民用建筑、市政工程的单位工程、单项工程竣工验收

单项工程或者单位工程验收，根据建设部《房屋建筑工程和市政基础设施工程竣工验收暂行规定》的要求，建筑单位（子单位）工程具备竣工验收条件后，在工程质量监督机构的监督下，由建设单位组织，按照验收程序规定对单位工程进行竣工验收。建设单位应提前 7 个工作日以《建设工程竣工验收监督通知书》的形式通知建设工程质量监督机构。工程质量监督机构经审查，确认具备验收条件后，按《建设工程竣工验收监督通知书》中约定的时间，派出竣工验收监督小组，对工程竣工验收实施监督。

单位工程竣工验收一般以竣工验收会议和实地查验工程质量的形式进行。

大中型和限额以上项目由国家有关部门组织验收。

小型和限额以下项目由项目主管部门组织验收。

附注 22　工程竣工验收人员组织结构（供参考）和资格

（1）主任：由建设单位负责人或项目负责人担任。

（2）副主任：由主任任命。

（3）成员：设计、施工单位负责人或项目负责人及施工单位技术、质量负责人和监理单位的总监理工程师担任。

（4）各专业组长：由建设、设计、监理单位专业技术人员担任。

（5）组员：各单位专业技术人员，每组不少于 3 人。

验收委员会成立后，应在主任的主持下，根据工程特点，制定验收方案。

附注 23　工程竣工验收程序和内容

（1）建设单位有关负责人宣布参加验收的单位、验收委员会人员名单，宣布建设工程质量监督机构对工程竣工验收进行现场监督。

（2）建设工程质量监督机构竣工验收监督小组介绍监督人员（不少于 2 人），宣布对竣工验收实施监督，介绍监督重点并对验收委员会人员名单进行确认。

（3）建设、勘察、设计、施工、监理单位分别汇报工程合同履约情况和在工程建设各个环节执行法律、法规和工程强制性标准情况。

1）建设单位汇报内容

① 工程基本情况：包括工程概况、构造特征、机电系统简要描述等。

② 工程报建手续情况：是否有用地许可证、规划许可证、招投标文件、开工报告或施工许可证。

③ 合同签订和履约情况：是否签订了设计合同、施工合同、监理合同；是否履行了合同；是否进行了监督注册登记。

④ 技术、质量管理情况：是否进行了图纸审查，图纸会审、设计变更、洽商记录是否符合规定要求。

2）勘察单位的汇报内容（参加了地基基础验收的，可以不汇报）

① 合同履约情况。

② 岩土工程勘察报告情况：包括勘察工作概况，场地条件概况，有无不良地质条件及处理方案，建议的地基与基础方案及相关

参数。

③ 验槽情况：基槽岩土是否与《岩土工程勘察报告》相符；对地基验槽时采用的各种手段的科学性、可靠性及地基处理的方法进行说明；对其他地基如复合地基、换土地基、桩基等的检测数据情况进行说明；对《岩土工程勘察报告》中提出的“地基方案”实施情况作出说明；对发现的质量问题及解决方法进行说明等。

3）设计单位汇报的内容

① 合同履约情况。

② 执行设计规定和根据强制性标准情况。

③ 图纸会审、设计变更、洽商记录情况。

④ 地基基础、主体结构等重要部位验收情况。

⑤ 新材料、新工艺、新结构、新技术等内容的测试及认可情况。

4）施工单位汇报的内容

① 完成设计文件要求和合同约定内容情况。

② 基础、主体等主要部位验收情况。

③ 工程质量控制资料、工程安全和功能检验资料及主要功能抽测情况。

④ 单位工程质量自评情况。

⑤ 被责令整改问题的整改及回执情况。

⑥ 工程施工管理过程中发生的其他质量问题及处理结果情况。

5）监理单位的汇报内容

① 监理合同的履约情况。

② 进场材料及施工试验的见证取样情况。

③ 计量控制及隐蔽工程验收情况。

④ 工程质量缺陷及重大质量事故处理意见。

⑤ 工程质量评估情况。

（4）审查单位工程档案资料

1）审阅勘察、设计、施工图审查、施工、监理单位的质量评价文件。

2）各专业组核查工程质量控制资料，安全、功能检验资料及主要功能抽查资料。

（5）实地查验

实地查验工程质量，包括观感质量验收和主要功能项目的抽查。

观感质量的验收方法和内容按各有关检验批的主控项目、一般项目有关内容综合掌握。

检查时应将建筑工程外檐全部看到，对建筑物的重要部位、项目和有代表性的房间、部位、设备、项目都应检查到。对其评价时，可逐点评价再综合评价；也可逐项给予评价；也可按大的分部、子分部或建筑与结构部分分别进行综合评价。评价时，要在现场由参加检查验收的监理工程师共同确定；确定时，可多听取被验收单位及参加验收的其他人员的意见，并由总监理工程师签字认可。总监理工程师的意见应有主导性。

主要功能项目的抽查：

主要功能项目的抽查结果应符合相关专业质量验收规范的规定。

通常主要功能抽查项目，应为有关项目最终的综合性的使用功能，如室内环境检测、屋面淋水检测、照明全负荷试验检测、智能建筑系统运行等。

各专业验收组总结发言对所检查的内容进行实事求是、客观评价，提出工程存在的问题。

（6）当参加各方对工程质量验收意见一致时，形成经验收委员会成员签署的工程竣工验收意见。

当参与工程竣工验收的建设、勘察、设计、施工、监理等各方不能形成一致意见时，应由建设工程质量监督机构协调处理，待意见一致后，重新组织竣工验收。

监督机构宣布验收监督评价意见。参加监督验收的工程师，对参加验收工作的人员、资格、组织形式、参与建设各方有关责任主体的验收汇报情况、实地检查项目完成情况、实地检查工程质量情况、执行国家强制性标准、规范情况及评定结果进行综合评价。

对符合国家有关建设工程质量管理规定的行为且工程合格的，应同意评定结果。

发现有违反国家有关建设工程质量管理规定的行为或工程质量不合格的，工程质量监督机构责令建设单位整改，并在竣工验收5个工作日内签发整改通知单。

参加监督验收的工程师应填写《竣工工程质量验收监督记录》，与会各方在监督记录上签字。

在完成竣工验收各项程序并形成验收结果后，建设单位整理会议纪要，建设、施工、监理单位签字盖章。

附注24　质量控制资料齐全条件

（1）项目齐全（见单位工程质量控制资料核查记录表中列出的各项目）。

（2）在每个项目中该有的资料有了。

需要说明的是对工程结构、功能及有关质量不会出现影响其性能的资料，有缺点的也可以认可。如按规定，钢材既要有质量合格证，也要有试验报告才为完整，但有个别非重要部位用的钢材，由于多方面原因没有合格证，经有资质的检测单位检测，该批钢材物理及化学性能符合设计和标准要求，也可以认为该批钢材的资料是完整的。再如砌筑砂浆的试件应按规范要求的频率取样，在施工过程中，个别少量部位由于某种原因而没有按规定频率取样，但从现场的质量管理状况及已有的试件强度检验数据，反映具有代表性时，并经过施工、设计、监理及有关人员现场实物工程质量检查，其砂浆质量表现与其他部位没有发现明显差别，或者可以请有资质的检测单位检测鉴定能够达到设计要求的，也可以认为是完整的。

（3）在每个资料中该有的数据有了。资料中应该证明的材料、工程性能的数据必须具备，如果其重要数据没有或不完备，这项资料就是无效的，就是有这样的资料，也证明不了该材料、工程的性能，也不能算资料完整，如水泥复试报告，通常其安定性、强度、初凝、终凝时间必须有确切的数据及结论。再如钢筋复试报告，通常应有抗拉强度及冷弯物理性能的数据及结论，符合设计及钢筋标准的规定，当要求进行化学成分试验时，应按要求做相应化学成分的试验，并有符合标准规定的数据及结论，这样就可以判定其应有的数据有了。

（4）对不合格工程质量、数据等的处理与实际无误。

（5）全部质量控制资料填写清楚，分类排列程序正确，签章认证等手续齐备。

由于每个工程的具体情况不一样，所以什么是资料完整，要视工程特点和已有资料的情况而定，总之，要看其是否可以反映工程的结构安全和使用功能，是否达到设计要求。如果资料能保证该工程结构安全和使用功能，能达到设计要求，则可以认为是完整的；否则，不能判为完整。

附注25　质量控制资料不齐全及处理

（1）质量控制资料不齐全是指工程主要结构材料、设备出厂合格证或试验检测报告、隐蔽工程记录、工程测量记录等主要项目缺少或份数不符合要求，试验检测标准或数据不正确，不符合设计、规范等标准规定，检测及评定认定单位及有关人员无签证，施工后随意填补技术数据，有弄虚作假，涂改行为等，因而无法正确鉴定工程质量。

（2）质量控制资料如有某一主要项目不合格时，应由指定检测单位鉴定，出具证明，经质量监督站和有关主管部门核验认定合格后，将鉴定及证明附于相应的主要项目后面，重新归档。

对工程质量不符合要求，经返工处理后给予验收和协商验收的工程的资料也应在单位（子单位）工程质量控制资料中反映出来。一种情况是经有资质的检测单位检测鉴定能够达到设计要求或达不到设计要求，但经原设计单位核算认可能够满足结构安全和使用功能的；另一种情况是经返修或加固处理，改变了外形尺寸但仍能满足安全使用要求的。前者多是某项质量指标达不到规范要求，多数是指留置的试块失去代表性，或是因故缺少试块的情况，以及试块试验报告有缺陷，不能有效证明该项工程的质量情况，或是对该试验报告有怀疑时，要求对工程实体质量进行检测。经有资质的检测单位检测鉴定不能达到设计要求，但这种数据达到设计要求的差距有限，不是差距太大。经过原设计单位核算，认为仍可够满足结构安全和使用功能，可不加固补强。例如，原设计计算混凝土强度为27MPa，而选用了C30级混凝土，经检测的结果是29MPa，虽未达到C30级的要求，但仍能大于27MPa是安全的。又如某五层砖混结构，一、二、三层用M10砂浆砌筑，四、五层为M5砂浆砌筑。在施工过程中，由于管理不善等，其三层砂浆强度仅达到7.4MPa，没达到设计要求，但经过原设计单位验算，砌体强度尚可满足结构安全和使用功能，可不返工和加固。由设计单位出具正式的认可证明，由注册结构工程师签字，并加盖单位公章，由设计单位承担质量责任，该工程给予验收，质量控制资料属经核定符合要求。后者是指经过加固补强，但改变了外形尺寸或造成永久性缺陷。经过补强加大了截面，增大了体积，设置了支撑，加设了牛腿等，使原设计的外形尺寸发生了变化。如墙体强度严重不足，采用双面加钢筋灌喷豆石混凝土补强，加厚了墙体，缩小了房间的使用面积，经加固补强后，只是解决了结构性能问题，而其本质并未达到原设计要求，造成了永久性缺陷。如某工程地下室发生漏水，采用从内部增加防水层堵漏，满足了使用要求，但却使那部分墙体长期处于潮湿甚至水饱和状态。该工程可按协商验收，其工程资料中必须有所反映。

附注26　质量控制资料的核查具体要求

(1) 材料合格证或复验报告：对工程使用的材料必须具有材料合格证明，对有疑义的材质必须进行复验合格。其材质合格证或复验报告要有指标数据、数量、规格、时间、签章，并与实际相符。

(2) 产品出厂合格证：安装工程的设备、仪器、仪表及零部件等必须具有产品合格证明。证明中必须注有厂家名称、产品规格、性能和出厂时间等。

(3) 基础复查交接记录：安装单位在安装前必须对基础质量进行复查，对合格基础办理交接验收手续，否则不予验收和施工。验收的资料数据准确，时间相符，手续齐全。

（4）隐蔽工程记录：必须做到项目齐全、位置明确、数据准确，具有必要的完整图示说明。要有经手人、负责人签字盖章。

（5）焊工资格审查：焊工必须做到经过考核持证上岗，焊工证内容应包括焊接方法及位置、材料类别、有效期限等。

（6）无损检测记录：根据工程性质、材料特点、设计要求，焊后进行无损探伤检测，探伤必须有探伤报告，要求数据准确、项目齐全、手续完备。

（7）热处理记录：需热处理的工程项目，按规范或设计要求应做好升温、恒温、降温及其机械性能检测、试验记录，数据真实、手续完备。

（8）试压记录：整体或各部位打压试漏，要做到工艺程序正确，数据真实、时间准确、手续完备。

（9）吹扫、脱脂、清洗记录：凡规范、设计要求进行吹扫、脱脂、清洗的工程，必须按规定执行，记录要清晰，数据真实，手续完备。

（10）设备单体试运转记录：单体试运转必须按设计、施工规范、规程执行，记录数据要真实可靠，手续完备。

（11）严密性试验记录：严密性试验要求方法正确，记录完整，数据真实，手续完备。

（12）沉降试验记录：沉降试验要按规程或设计要求进行，时间准确、数据真实，手续完备。

（13）烘炉记录：工业炉和锅炉砌筑后的烘炉要按规程执行，必须从每个阶段的时间、温度等数据，均做出真实的记录，记录内容要求真实，手续完备。

（14）煮炉记录：煮炉要按规程规定执行，要用正确的用药介质及准确的温度（加热升降温曲线图），数据真实，手续完备。

（15）整体或联动试运转记录：试运转需有建设、施工双方代表参加，在记录里要有试运转年、月、日，开车到停车时间及试车过程中的有关数据和事项，按设计要求必须做出结论性意见和有关人员签证。

附注27　安全和主要使用功能检验资料及抽查结果核查

这个项目包括两个方面的内容：一是在分部（子分部）进行了安全和功能检测的项目，要核查其检测报告结论是否符合设计要求；二是在单位工程进行的安全和功能抽测项目，要核查其项目是否与设计内容一致，对检测资料的数量、数据及使用的检测方法标准、检测程序进行核查，以及核查有关人员的签认情况等。

附注28　观感质量检查

观感质量检查是对工程实体外观及功能状态，通过观察和必要的测试所进行的检查。

检查的内容、方法及数量应符合《有色金属工业安装工程质量检验评定统一标准》YS/T5419、《有色金属工业建筑工程质量检验评定统一标准》YS/T5430及国家各专业建筑工程施工质量验收规范、有色金属工业各专业安装工程质量检验评定标准的规定。

观感质量由总监理工程师组织参验各方共同检查，且不少于三人，取其打分平均值，计算出得分率。得分率=平均分/标准分。

分部工程和单位工程的观感质量得分率达70%及以上为“合格”；达85%及以上为“优良”；低于70%的项应进行返修处理。

附注29　工程质量监档案的立卷归档管理

立卷归档的基本要求：

（1）通常工程文件应以工程项目为单位进行立卷归档，有关重点问题可以分别立卷归档。归档遵循文件材料的形成规律和特点，保持文件间的有机联系，区别不同价值，便于保管和利用。

（2）归档的文件材料种类、份数以及每份材料的页数均应齐全完整。

（3）在归档的文件材料中，每份文件的正件与附件，印稿与定稿，请示与批复，转发文件与原件应统一立卷，不得分开。

(4) 整理材料做到分类清楚、组织合理、标题确切、卷内排列有序、装订结实整齐。

(5) 有关照片、录音(像)带应统一立卷、统一整理、统一编目，分别存放，并在案卷目录和备考表上注明或说明，以便查找利用。

(6) 对档案载体的要求：必须用毛笔或黑色钢笔书写。

(7) 立卷分类

分年度：将文件按其形式或针对的年份分开，不同年度的文件一般不得放在一起立卷，但跨年度的请示和批复，放在当年立卷；跨年度的建设工程按竣工验收年份立卷，其他文件资料的立卷按有关规定执行。

分期限：将文件资料按规定的不同保管期限划分，档案的保管期限定为长期(十五年)和短期(五年)两种。

确定档案保管期限的原则：要根据本单位工作的需要，全面地确定档案的保存价值，准确地判定档案的保管期限。

冶金工业出版社部分图书推荐

书　　名	作　者	定价(元)
有色金属工业建设工程质量监督工程师必读	有色金属工业建设工程质量监督总站　编	68.00
非煤矿山基本建设管理程序	连民杰　著	69.00
非煤矿山基本建设施工管理	连民杰　著	62.00
冶金生产过程质量监控理论与方法	徐金梧　等著	78.00
刘玠文集	文集编辑小组　编	290.00
冶金企业管理信息化技术(第2版)	许海洪　等编著	68.00
炉外精炼及连铸自动化技术(第2版)	蒋慎言　编著	76.00
钢铁生产控制及管理系统	骆德欢　等主编	88.00
自动检测技术(第3版)(高等教材)	李希胜　等主编	45.00
钢铁企业电力设计手册(上册)	本书编委会	185.00
钢铁企业电力设计手册(下册)	本书编委会	190.00
特种作业安全技能问答	张天启　主编	66.00
走进黄金世界	胡宪铭　等编著	76.00
冶金机电设备标准汇编(2009—2013)	冶金机电标准化委员会　编	180.00
现行冶金轧辊标准汇编	冶金机电标准化委员会　编	260.00
钢铁材料力学与工艺性能标准试样图集及加工工艺汇编	王克杰　等主编	148.00
2014年度钢铁信息论文集	中国钢铁工业协会信息统计部　等编	96.00
中国钢铁之最(2014)	中国钢铁工业协会《钢铁信息》编辑部　编	43.00